编纂委员会

東園

旗展东园

中国社会主义青年团第一次全国代表大会图志

共青团中央青运史档案馆　共青团广东省委员会
共青团广州市委员会　广州青年运动史研究委员会　编

南方日报出版社
NANFANG DAILY PRESS
中国·广州

图书在版编目（CIP）数据

旗展东园 ：中国社会主义青年团第一次全国代表大会图志 / 共青团中央青运史档案馆，共青团广东省委员会，共青团广州市委员会，广州青年运动史研究委员会编 . — 广州 ：南方日报出版社，2012.11
ISBN 978-7-5491-0705-6

Ⅰ. ①旗… Ⅱ. ①共… ②共… ③共… ④广… Ⅲ. ①中国共产主义青年团—代表会议—图集 Ⅳ. ①D292-64

中国版本图书馆CIP数据核字(2012)第232842号

QIZHAN DONGYUAN
旗展东园——中国社会主义青年团第一次全国代表大会图志
共青团中央青运史档案馆　共青团广东省委员会　共青团广州市委员会　广州青年运动史研究委员会　编

出版发行：南方日报出版社
地　　址：广州市广州大道中289号
电　　话：（020）83000502
经　　销：全国新华书店
印　　刷：广州市岭美彩印有限公司
开　　本：787 mm×1092 mm　1/16
印　　张：12
字　　数：150千字
版　　次：2012年11月第1版
印　　次：2012年11月第1次印刷
定　　价：99.00元

投稿热线：（020）83000503　读者热线：（020）83000502
网址：http://nf.nfdaily.cn/press/
发现印装质量问题，影响阅读，请与承印厂联系调换

广州 · 东园

中国共青团

序

万庆良

“八千里路云和月”，九十春秋团旗红。在中国共青团90华诞之际，欣闻“团一大”历史研究取得阶段性成果，汇编成这本史迹图志《旗展东园》，记载了中国共青团发展的历史印记，是共青团广州市委员会与社会各界共同做成的一件好事，特别值得庆贺！

“旗展东园”，多好的名字！让人仿佛看到了90年前中国青年无比赤诚的革命激情，看到了广州东园在中国共青团创建发展史乃至中国民主革命运动史上所扮演的重要角色。孙中山先生曾在广州东园宣传革命、推动护法运动，10万广州民众曾在这里声援伟大的五四爱国运动，这里还曾是省港大罢工的指挥部所在地，留下了陈独秀、毛泽东、刘少奇、周恩来、张太雷、蔡和森、陈延年、彭湃、萧楚女、恽代英等革命先驱的足迹。1922年5月5日，中国社会主义青年团第一次全国代表大会在广州东园召开，会议通过了团的纲领和章程等六项决议案，选举产生了包括杰出革命家施存统、张太雷、俞秀松等在内的团中央执行委员会。这次大会宣告中国社会主义青年团正式成立，成为中国青年运动发展史上的一个里程碑。东园，这个方圆不足一里之地，见证了中国民主革命运动星火燎原之势，承载了无数志士仁人为中华民族求解放、图发展、谋幸福的铿锵脚印，是广州引以为豪的革命遗址，是极为宝贵的精神财富。

为保护利用好广州东园历史遗址，更好地纪念和传承革命传统，引导今天的人们以史为鉴，永远记住90年前中国风雨如晦的苦难岁月，永远记住90年前追求民族生存、发展、尊严与幸福的一代青年，永远记住青年的使命、责任与担当，2012年5月，在党中央，广东省委、省政府和共青团中央、团广东省委的关心、支持、指导下，广州在“团一大”旧址修建了“团一大”纪念广场作为教育基地，在社会上引起了热烈反响。在这个基础上，又深入研究和发掘“团一大”的历史，做好史料展示工作，普及历史知识，帮助青少年深刻理解中国共青团的创建历程，认识历史发展的必然趋势，更加坚定跟党走中国特色社会主义道路的理想信念。应该说，利用广州东园和“团一大”这些革命历史遗址，开发广州红色经典文化，是广州建设国家中心城市、培育世界文化名城的重要举措，是加强青年思想教育工作的现实需要。《旗展东园》这本图文并茂的史迹图志，列举了大量的珍贵史料，生动描绘了当时中国的马克思主义者特别是革命青年探索革命救国的历史画卷，生动讲述了“历史选择5月5日”、“一封信请来团一大”等一个个精彩故事，既是一部激励青年成长、引领青年发展进步的深刻教材，也是纪念中国共青团成立90华诞的隆重献礼。

发展是最好的纪念，行动是最好的传承。当前，广州正深入贯彻落实科学发展观，坚持以科学发展为主题、以转型升级为主线、以民生幸福为主旨，打造广东“首善之区”，推进国家中心城市建设，加快迈向世界先进城市，努力建设经济低碳、城市智慧、社会文明、生态优美、城乡一体、生活幸福的理想城市。肩负无数先辈的重托，瞻望广州科学发展的美好前景，在推进新型城市化这个宽广的舞台上，广州青年可以也应该大有作为，一定要争当促进转型升级的生力军，一定要争当创新社会服务管理的先锋队，一定要争当统筹城乡发展的助推者，一定要争当建设生态城市的践行者，一定要争当城市先进文化的传承发展者。

青年是祖国的未来、民族的希望。青年的前途命运，始终与民族和国家的前途命运密切地联系在一起。青年兴则国家兴，青年强则国家强。90年来，一代又一代的广州青年，与全国青年同心同德、同力同行，为广州、广东以至中国的前途和命运，秉持敢为天下先的精神，勇敢走在时代前列，做出了重要贡献；传承先辈精神的当代广州青年，更要树立推动新型城市化发展的高度历史自觉，解放思想、先行先试，大胆探索创新，堂堂正正做人，踏踏实实做事，为广州、广东和国家的科学发展奉献青春热血和智慧力量。让我们更加紧密团结在以胡锦涛同志为总书记的党中央周围，弘扬伟大的“五四”精神和“团一大”精神，坚定信心、砥砺奋进，在新型城市化发展道路上高歌青春豪迈，绽放青春光芒，为率先转型升级、建设幸福广州而不懈奋斗！

中共广东省委常委、广州市委书记

万庆良

2012年10月

旗展东园

前言

QI ZHAN DONGYUAN

“潮来天地青”，滔滔珠江水，飞溅着中国青运史的耀眼浪花；

“荡胸生层云”，巍巍白云山，回荡着紧跟共产党的青春旋律。

在中国共产党的直接领导下，1922年5月5日—10日，中国社会主义青年团（中国共产主义青年团的前身）第一次全国代表大会（以下简称团一大）在广东省广州市东园召开。

东园红楼前的烂漫春花，迎接了25名团一大代表。他们来自团临时中央局和上海、北京、广州、长沙、武昌、南京、唐山、天津、保定等15个地方团组织。

四角凉亭旁的简朴竹棚，奔涌着中国共产党的创建者与团代表、劳动者代表一起出席团一大开幕式的群情振奋、激情澎湃。

团一大讨论通过了《中国社会主义青年团纲领》、《中国社会主义青年团章程》等六项议决案，选举产生了中国社会主义青年团第一届中央执行委员会。

团一大的召开，宣告中国社会主义青年团正式成立，一支实现民族复兴的生力军由此出征。

团一大的召开，使中国青年团组织实现了思想上、组织上的统一，成为在政治纲领和奋斗目标上与中国共产党保持一致的全国性先进青年组织，成为中国青年运动发展史上的一个里程碑。

共青团的航船，从东园扬帆。千千万万的团员青年紧跟党的步伐，在革命斗争的年代，“青云衣兮白霓裳，举长矢兮射天狼”。

共青团的旗帜，从东园挥展。千千万万的团员青年紧跟党的步伐，在建设祖国的年代，“功业逐日以新，名声随风而流”。

90年过去，弹指一挥间。

在团一大召开90周年之际，展示团一大的史迹，回顾共青团的历程，有助于广大团员青年从中借鉴历史经验、继承和弘扬革命先辈的优良传统，激发爱国主义精神，为推进改革开放的进程，实现中华民族伟大复兴事业而努力奋斗。

旗展东园

目录

QI ZHAN DONGYUAN

第一章

伟业唤青年　国危求复兴

“寒风摧树木，严霜结庭兰。”中国共产党及其领导和缔造的中国社会主义青年团（中国共产主义青年团的前身）诞生在20世纪20年代初，是自1840年鸦片战争后沦为半殖民地半封建的近代中国社会矛盾发展和人民斗争深入的必然结果。尤其20世纪初，八国联军肆虐的屈辱以及随之而来的亡国灭种的危机感沉重地压在中国人的心头。辛亥革命推翻了清王朝，给危机四伏的中国带来的一丝光亮，也很快被军阀混战的硝烟所淹没。灾难深重的中国人民在漫漫的长夜中蹒跚行进、奋起抗争。

十月革命的炮声，让中国人民看到了远处的光明。

马克思主义的传入，使中国人民获得了新的思想武装。

五四运动的旋风，猛烈地摇动着近现代中国历史发展的路标。

中国新民主主义革命历史波澜壮阔，其序幕是五四运动。

中华民族伟大复兴的进程风起云涌，其起点是五四运动。

五四运动促使马克思主义广泛传播，促使革命青年与工农相结合，不仅为中国共产党的成立作了思想上和组织上的准备，也为中国社会主义青年团的建立创造了必要条件。

天安门前的呐喊声震惊了神州大地，黄浦江畔工人阶级点起的烈焰照亮了世界东方的天际。

壹 巴黎和会列强欺华 五四运动历史开新

“长夜难明赤县天”，多少志士仁人在寻求救国救亡的真理。

【新文化运动】

1915年陈独秀创办《青年杂志》（后改名为《新青年》），宣传倡导民主和科学，擂响了中国新文化运动的战鼓，唤醒和增强了进步知识青年的爱国热情和民主意识。在创刊号上，陈独秀发表创刊词《敬告青年》，对新一代青年提出六项标准：“自由的而非奴隶的”、“进步的而非保守的”、“进取的而非退隐的”、“世界的而非锁国的”、“实利的而非虚文的”、“科学的而非想象的”，勉励他们崇尚自由、进步、科学，要有世界眼光，要讲求实行和进取。

■ 1915年9月15日《青年杂志》创刊，成为新文化运动的标志性事件。

■ 《青年杂志》从1916年第二卷第一号起改为《新青年》。它高举“民主”与“科学”两面大旗，向封建文化和封建礼教展开了猛烈抨击。

【巴黎和会】

1919年1月，在第一次世界大战中获胜的协约国集团为解决战争所造成的问题而召开会议，史称“巴黎和会”。会议拒绝了作为战胜国之一的中国提出的废除外国在中国的势力范围、撤走外国在中国的军队和取消“二十一条”等正义要求，决定将德国在山东的权益转让给日本。北洋政府屈服于帝国主义的压力，居然准备在巴黎和约上签字。消息传来，赤子共愤，风暴骤起。

巴黎和会会场

【五四运动】

中国在巴黎和会上外交失败的消息，不仅成为引起中国近代史发生重大转折的事件——五四运动的导火线，也促使中国先进的知识分子和中国青年开始把关注的目光转向俄国，注意从十月革命中找寻实现民族复兴的道路。经过五四运动，中国青年的精神面貌也发生了深刻变化，青年开始以崭新的面貌出现在社会之中。

5月4日，北京大学等13所大中专学校的3000多名青年学生冲破军警的阻挠，云集天安门。他们打出“收回山东权利”、“拒绝在巴黎和约上签字”、“废除二十一条”、“外争国权，内惩国贼”等口号，要求惩办亲日派官僚曹汝霖、陆宗舆、章宗祥。反动军警逮捕学生代表，更加激起民愤。

五四运动油画

史海聆潮

广东籍学生郭钦光忧愤致死

郭钦光早年在广州读书时就积极参加反对“二十一条”的斗争，“与同志开国耻会于东园。登坛演说，至于呕血”。1919年郭钦光在北大读书，5月4日的游行，他不顾身体有病，积极参加，“奋袂先行，见当局下逮捕学生之令，愤然大痛，呕血盈斗。至法国医院，已有不起之势”。临危之际，他犹关心国家大事，痛恨北洋政府对学生之镇压，他不断叹息说：“国家濒危，政府犹以狮子搏兔之力，以压一线垂尽之民气；日政府待我留学诸君之事，不图乃见于生斯长斯之祖国，事可知矣。”每想到此或说到此，呕血就更加不止，这样延至7日，终于不幸赍志而殁，年仅24岁。

全国各地纷纷声援北京学生的爱国行动。

5月11日，广州10多万群众在东园举行国民大会声援北京学生爱国运动。6月5日，上海数万工人和商界举行罢工、罢市。随后，罢工罢市的烈火，迅速燃及全国22个省150多个城市。运动的中心由北京转到上海，斗争的主力由学生逐渐转向工人。迫于人民群众的强大压力，北洋政府不得不于6月7日释放被捕学生，6月10日罢免亲日派官僚。6月28日，中国代表没有出席巴黎和约签字仪式。

■ 1919年5月7日，北京高师师生热烈欢迎5月4日北京学界游行示威大会被拘留的爱国学生返校。

■ 1919年6月16日，第一次全国学生代表大会在上海召开，成立中华民国学生联合会总会。图为全体代表合影。

■ 北京《晨报》报道上海六七万工人总同盟罢工的图片

■ 广州抵制日货的学生被拘禁在广州先施公司

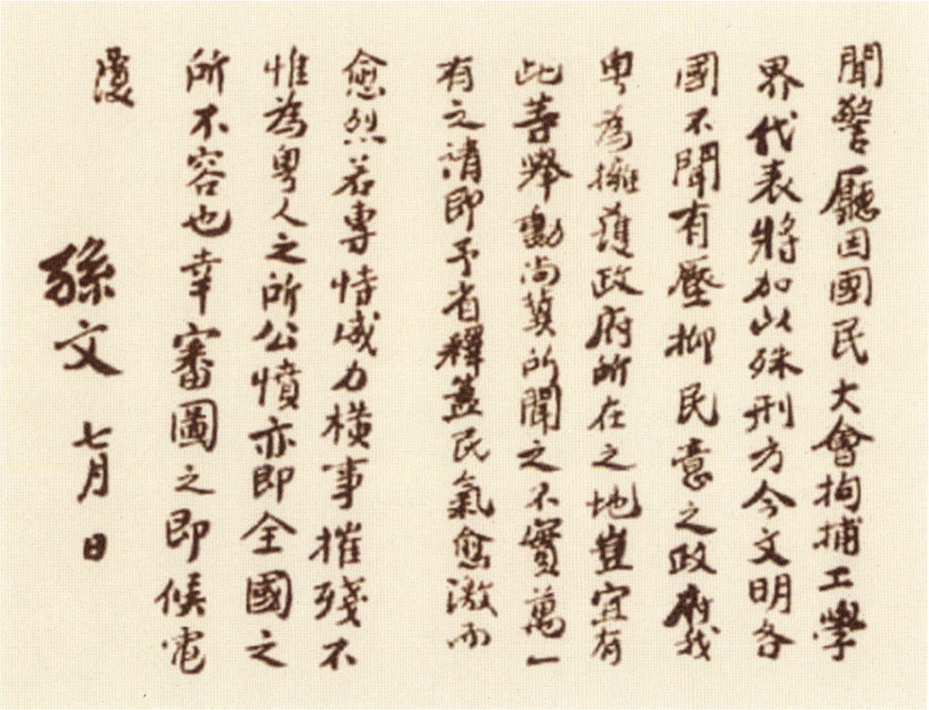

聞警廳因國民大會拘捕工學界代表將加以殊刑方今文明各國不聞有壓抑民意之政府我粵為擁護政府所在之地豈宜有此等舉動尚冀所聞之不實萬一有之請即予省釋蓋民氣愈激而愈烈若專恃威力橫事摧殘不惟為粵人之所公憤亦即全國之所不容也幸審圖之即候電復

孫文 七月 日

■ 孙中山对五四运动深表支持。图为1919年7月孙中山致电广东政府，要求立即释放因参加爱国反帝运动被捕的工学界代表。

峥嵘岁月

五四运动在广东

五四运动的消息传到广东，广东各地民众奋起响应。5月7日、8日两天，广东省会学生联合会、广州外交后援会等团体纷纷发表通电，要求严惩卖国贼，废除不平等条约，释放被捕学生。5月11日，广州外交后援会联合各界民众，在东园广场举行国民大会，与会者10万人。5月26日，广东学界在高等师范学校操场隆重举行追悼郭钦光大会，在志士遗像两边用鲜花结成对联：“是为国殇，不愧英雄”，横额文曰：“正气磅礴”。到会祭挽者达5000余人。在此期间，广州民众也掀起排斥日货的风潮。这场空前的反帝爱国运动锻炼和造就了一批学生运动的领袖和先进知识分子，如周其鉴、阮啸仙、杨匏安、刘尔崧等，后来都成为中共广东地方组织的早期骨干。

【青年社团、刊物的涌现】

五四运动的急风骤雨，冲刷着中国先进知识分子的心田。思想是行动的先导。觉醒的中国青年群体，开始以崭新的精神面貌战斗在中国政治舞台上，成为一支重要的政治力量。各地进步青年纷纷组织社团和出版刊物，在社会上宣传改造中国、实现民族复兴的新思潮。仅一年之中，就出现400多种刊物。

新民学会

中華民國八年七月十四日

湘江評論

創刊宣言

西方大事述評

■ 1919年7月，毛泽东主编了湖南学生联合会的《湘江评论》周刊，传播、介绍新思想，探索改造社会的道路。

■ 1918年4月，毛泽东、蔡和森等在长沙创办新民学会，吹响“革新学术，砥砺品行，改良人心风俗”的号角。图为新民学会部分会员合影。

逸闻轶事

毛泽东与《湘江评论》

毛泽东主编《湘江评论》周刊，当时他住在修业学校，有一顶农家用的老蓝夏布蚊帐，一床席子，几本书作枕头，经常穿的是一件洗得不蓝不白的竹布长衫。在溽暑和蚊虫的侵扰下，常常写到半夜之后，早晨一起床，来不及洗脸吃饭，就到教室教课。

少年中国学会

■ 1918年6月，李大钊、王光祈等发起组织少年中国学会，呼唤“红日初升，其道大光”的新中国，次年7月1日正式成立。图为1920年7月，李大钊等人在北京岳云别墅集会，庆祝少年中国学会成立周年纪念时的合影。左二为邓中夏，右二为黄日葵，右三为李大钊。

觉悟社

■ 1919年9月，周恩来等天津进步青年组成觉悟社，从事科学和新思潮的研究，并出版《觉悟》杂志，成为引导社会的先锋。图为部分社员在天津的合影。后排右起：一周恩来、二胡维宪、三郭隆真、四李锡锦、五马骏、六潘世纶；前排右起：一李震瀛、二刘清扬、三邓颖超、四周之廉、五郑季清、六薛撼岳、七谌志笃。

逸闻轶事

觉悟社成员的化名

成立于五四运动期间的天津觉悟社，其男女各10名成员，当时写了1到50个数字编号抓阄，抓阄结果如下：

男成员10名，他们分别是：5号周恩来，后化名“伍豪”；9号赵光宸，后化名“奈因”；11号薛撼岳，后化名“石逸”；18号关锡斌，后化名“石霸”；19号潘世纶，后化名“石久”；20号胡维宪，后化名“念豪”；28号李震瀛，后化名“念八”；29号马骏，后化名“念久”；41号谌小岑，后化名“施以”；50号谌志笃，后化名“武陵”。

女成员10名，她们分别是：1号邓颖超，后化名“逸豪”；3号周之廉，后化名“珊”；13号郭隆真，后化名“石珊”；25号刘清扬，后化名“念吾”；26号吴瑞燕，后化名“念六”；31号李锡锦，后化名“衫逸”；34号郑季清，后化名“衫峙”；36号张若名，后化名“衫陆”；37号张嗣婧，后化名“衫弃”；43号李毅韬，后化名“峙山”。

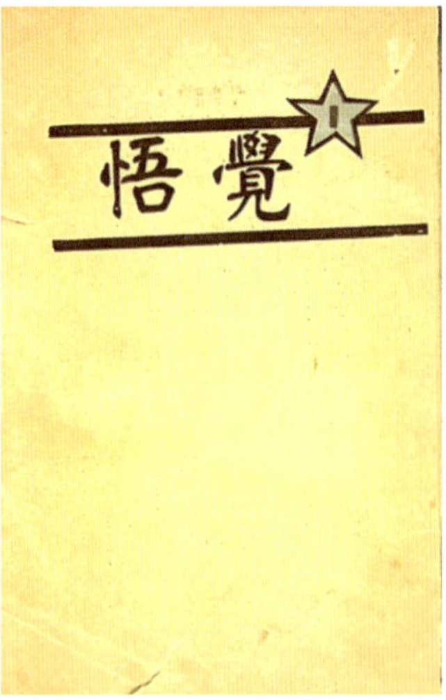

■ 天津觉悟社《觉悟》杂志封面

工读互助团

■ 在五四运动后出现的青年社团中，带有空想社会主义思潮的工读互助团的出现，吸引了一批立志实施社会改造的青年参加，但是这类组织的实验很快就都失败了，组织也解散了。图为1920年1月，俞秀松离开家乡到北京参加工读互助团后给家人的照片及背面的亲笔附言。

北京大学马克思学说研究会

■ 1920年3月，李大钊与邓中夏等商定，秘密成立了北京大学马克思学说研究会。这是中国最早的一个学习和研究马克思主义的团体，最初成员有邓中夏、高君宇、何孟雄、朱务善、罗章龙、张国焘等。图为北京大学马克思学说研究会部分成员合影。

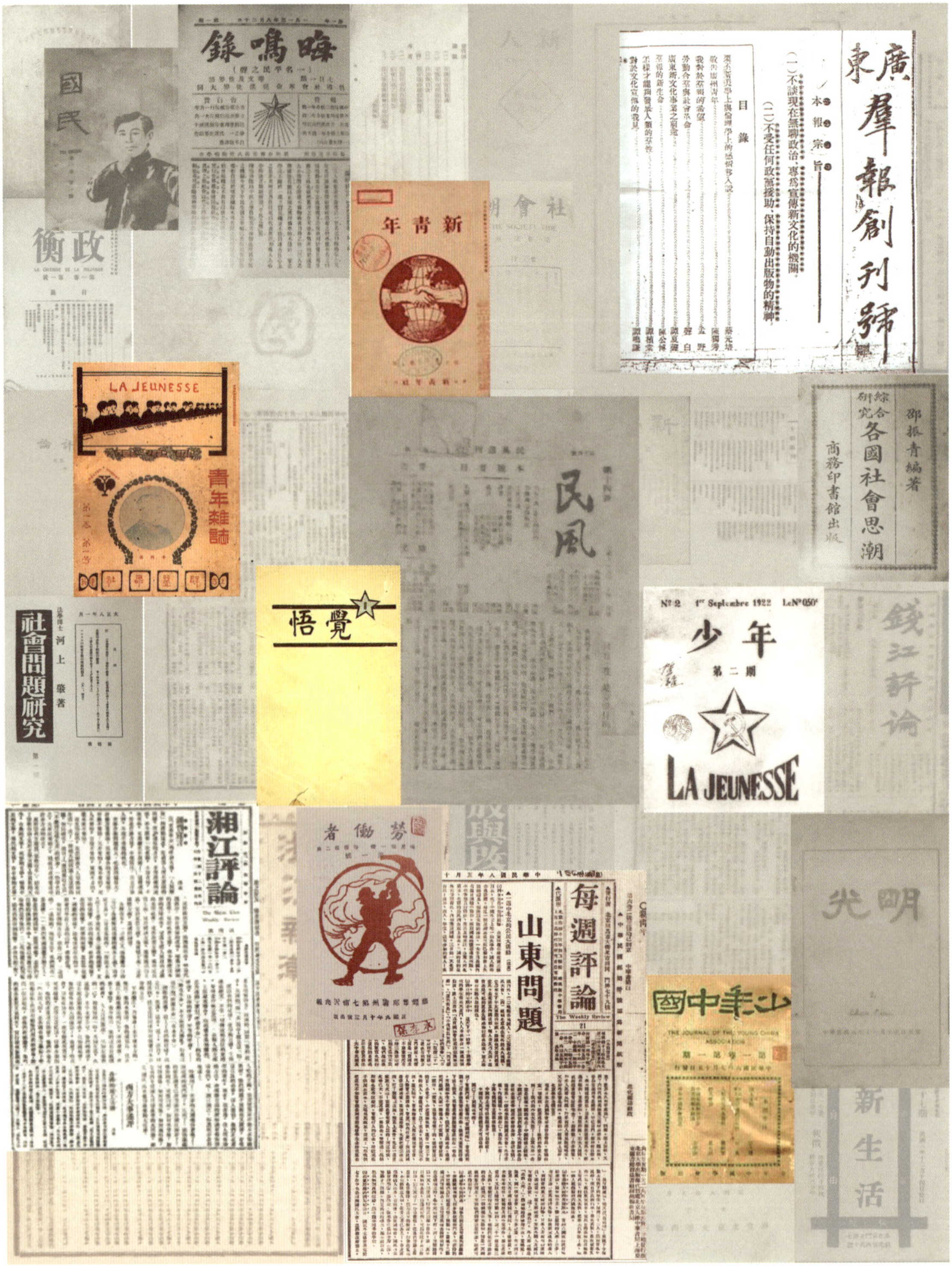

■ 五四运动前后在全国有较大影响的刊物

史海聆潮

北大学子返乡创办《广东群报》宣传新思想

1920年暑假，在北京大学学习的谭平山、谭植棠和陈公博三人毕业返回广州。回广州后，三人拟创办宣传新思想的《广东群报》，陈独秀写信鼓励他们说：“广州是我国的重要省城，在历史上是革命的策源地，曾多次起过先驱作用，作出过重要的贡献。而今更应顺应历史潮流，发挥更大作用。”1920年10月20日，《广东群报》在广州公开出版。

在各种思想学说争妍斗艳的百花园中，马克思主义大放异彩，在中国得到广泛传播。

■《共产党宣言》第一个中文译本

逸闻轶事

柴房译书　蘸着墨汁吃粽子

陈望道在戴季陶的邀请下，并得到陈独秀寄送英文版《共产党宣言》的帮助，在故乡义乌的柴房里翻译《共产党宣言》。有一天，陈望道的母亲见儿子不分昼夜地翻译，人都累瘦了，便给儿子做了糯米粽子，外加一碟红糖，送到书桌前，催促儿子趁热快吃。陈望道一边吃粽子，一边继续琢磨翻译句子，竟然把墨汁当作红糖蘸着吃了。

《共产党宣言》首次印刷排版错误

1920年8月，在共产国际的资助下，中译本《共产党宣言》经上海社会主义研究社正式出版。可是在出版时，由于排版的疏忽，“共产党宣言”几个字被排成“共党产宣言”印刷了出来。这一版本的1000册在世界上已经非常少见。同年9月加印1000册时，这个错误被订正过来。

贰 纾国难始建共产党 启宏图党育青年团

■ 陈独秀

■ 李大钊

【党的两大领袖】

“晴日暖风生麦气，绿荫幽草生花时。”1920年初夏，在共产国际的帮助下，中国共产党的早期组织在上海、北京、武汉、长沙、广州、济南等地相继问世。

黄浦江畔，1920年8月的炎炎夏日中，上海共产党早期组织在上海正式成立，陈独秀为书记。

燕赵大地，1920年10月的猎猎秋风中，北京共产党早期组织在北京大学正式成立，李大钊为负责人。同年底，“共产党北京支部”成立时任书记。

■ 1920年9月在上海出版的《新青年》第八卷第一号。封面上有一个地球，两只手紧紧握在一起，寓意中国革命人民和十月革命后的苏维埃俄国必须紧紧团结起来。《新青年》后来成为上海共产党早期组织的机关刊物。

逸闻轶事

陈独秀骡车出北京

五四运动期间，陈独秀在散发传单时被暗探逮捕，获释后又被禁止擅自离京。1920年2月，为了能让陈独秀安全离京，李大钊雇了一辆小骡车，让陈独秀化装成老板，自己化装成账房先生，护送陈独秀到了天津。到达天津后，李大钊买了一张船票，让陈独秀坐船前往上海。

陈李议党的名称

1920年6月，陈独秀同李汉俊、俞秀松、施存统、陈公培等人开会商议，决定成立共产党组织，并初步定名为社会共产党。此后不久，围绕用“社会党”还是用“共产党”命名的问题，陈独秀征求李大钊的意见。李大钊主张定名为“共产党”，陈独秀表示完全同意。

【地方早期团组织】

伴随着中国共产党组织的创建步伐，中国青年以一往无前的姿态，站在了时代斗争的前沿。

马克思主义在青年中如春风化雨般的广泛传播，为建团作了思想上的准备；在斗争中如烈火炼钢般涌现出一批革命青年，为建团作了干部上的准备；如星星之火般的各地共产党早期组织的成立，使建团有了直接的领导。在中国共产党的领导、关怀和帮助之下，上海、北京、广州、武昌、长沙等地建立了社会主义青年团早期组织。

上海★

在筹备建立上海的中国共产党早期组织的过程中，陈独秀等人考虑为培养党的后备力量，把进步青年组织起来的问题。共产国际代表维经斯基来华后亦曾介绍过苏俄青年团组织的情况。陈独秀明确提出要“组织一个社会主义青年团，作为中共的后备军，或可说是共产主义预备学校”，“在中国可命名为社会主义青年团，加入的条件不可太严，以期能吸收更多的青年”，吸引有改造社会愿望的青年，研究和实践社会主义思想，从中吸收进步分子入党。1920年8月，陈独秀指派上海党组织最年轻的成员俞秀松正式发起成立上海社会主义青年团，俞秀松为书记。为了培养革命骨干，选派青年赴苏俄学习，同年9月，上海共产党早期组织和上海社会主义青年团创办了外国语学社，社址就设在团的机关所在地。后来成为新中国重要领导成员的刘少奇、任弼时等，就是从这里踏上革命征程的。

■ 俞秀松

■ 外国语学社负责人杨明斋

上海社会主义青年团随即向各地社会主义者寄发团章，要他们也创办青年团组织。一时间，大江南北开始出现青年团的早期组织。

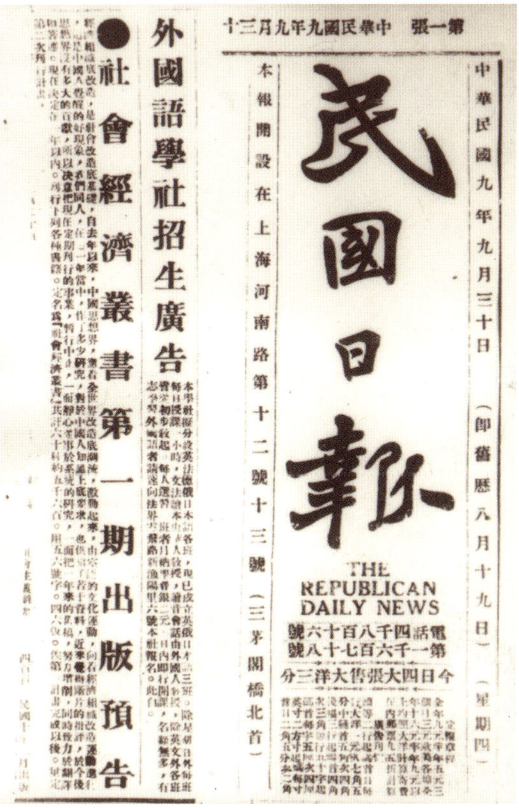
第一張 中華民國九年九月三十日
中華民國九年九月三十日（即舊歷八月十九日）星期四
民國日報
THE REPUBLICAN DAILY NEWS
本報開設在上海河南路第十二號十三號（三茅閣橋北首）
電話四千八百十六號 第一千六百七十八號
今日四大張售大洋三分
外國語學社招生廣告
社會經濟叢書第一期出版預告

■ 1920年9月，上海《民国日报》刊登的外国语学社招生广告。

秘档珍闻

维经斯基的翻译杨明斋

1917年4月18日，旅俄中国留学生成立中华旅俄联合会，后改称为中华旅俄华工联合会，逐渐从一个知识分子领导的民间组织向工人组织转变。1920年6月25日，中华旅俄华工联合会在会内成立了俄国共产华员局（即“俄共中国党员中央组织局”），并于7月1日得到俄共中央委员会的承认。杨明斋是该组织的负责人之一。

1920年夏，杨明斋担任共产国际派往中国的代表维经斯基的翻译，陪同维经斯基与李大钊、陈独秀进行会谈，讨论建党事宜。8月，上海共产党早期组织成立，杨明斋为重要成员之一，并当即由俄共（布）党员转为上海党小组成员。他还参与创办党小组的喉舌《共产党》月刊，同时出任中俄通讯社社长，将京、沪的情况通报莫斯科。

■ 外国语学社

史海聆潮

上海社会主义青年团成立

1920年8月22日，在上海早期党组织的直接领导下，上海社会主义青年团正式宣告成立，其宗旨是：实行社会改造和宣传社会主义。最初的团员有施存统、沈玄庐、陈望道、李汉俊、金家凤、袁振英（震瀛）、俞秀松、叶天底8人，不久发展到20多人，由俞秀松任书记。团的机关设在上海霞飞路渔阳里（今淮海中路567弄）6号，外挂“外国语学社”的牌子。陈独秀等共产党早期组织成员，都参加了青年团的工作。

青年共产国际的高度评价

俞秀松领导上海社会主义青年团工作非常出色，受到青年共产国际东方部书记达林的称赞。达林肯定它为“中国青年团中最好的一个”，还因此邀请上海社会主义青年团派代表参加1921年7月在莫斯科举行的青年共产国际第二次代表大会。上海社会主义青年团在青年团的历史上写下了崭新的一页。

1920年9月，上海党、团组织创办外国语学社。

北京★

北京共产党早期组织成立后，在李大钊的直接指导下积极筹划建团工作。金风送爽的11月，北京社会主义青年团正式成立，团书记是高君宇（高尚德）。青年团在北京工人运动中发挥了骨干作用，还帮助天津、唐山、太原等地建立团组织。

■ 高君宇

红色情缘

春风青冢　五四期间的化蝶传奇

在北京城南陶然亭湖畔，有一座带有鲜明的五四时代特色的青年男女拥肩而立的雕塑，石雕后便是革命先驱高君宇和他的挚爱石评梅并葬之墓。

高君宇原名高尚德，1896年出生于山西省静乐县。中学读书时，他曾不顾学校当局的阻拦，与爱国师生一道投入到反袁斗争的洪流中。在北京，他和邓中夏等爱国学生一起，积极宣传马克思主义，并组织了震惊中外的“五四”大游行，被誉为“五四运动之健将”和“中国青年革命的健将”。1922年以缺席的身份最高票当选为中国社会主义青年团第一届中央执行委员。后担任孙中山的秘书，协助其平定商团叛乱。

高君宇的革命生涯惊心动魄，而他与恋人石评梅的爱情则凄婉动人。石评梅原名石汝璧，素有“以生花之笔，写哀时之痛”之誉。高君宇在山西反袁斗争中的言行以及在北京所从事的革命活动，都深深地打动了石评梅的心。在交谈中，他们发现彼此之间有着很多相同的理想和抱负。

1924年高君宇随孙中山北上，在天津期间，受周恩来委托特意看望了邓颖超，并转交周恩来的信，做了他们二人之间的“热诚‘红娘’”（邓颖超语）。次年3月，高君宇于患病手术后第二天突然去世，犹如晴天霹雳般使石评梅痛悔交加。她在高君宇的墓碑上题写了他生前的诗句：“我是宝剑，我是火花，我愿生如闪电之耀亮，我愿死如彗星之迅忽。”在下面又续写道：“君宇！我无力挽住迅忽如彗星之生命，我只有把所剩下的泪流到你坟头，直到我不能来看你的时候。”1928年9月30日，石评梅因悲伤和劳累过度，在泣血哀吟中走完短短的一生，年仅26岁。遵照她的遗愿：“生前未能相依共处，愿死后得并葬荒丘”，人们把她安葬在北京陶然亭高君宇的墓旁，墓碑上刻着“春风青冢”四字。后人称之为“高石之墓”。

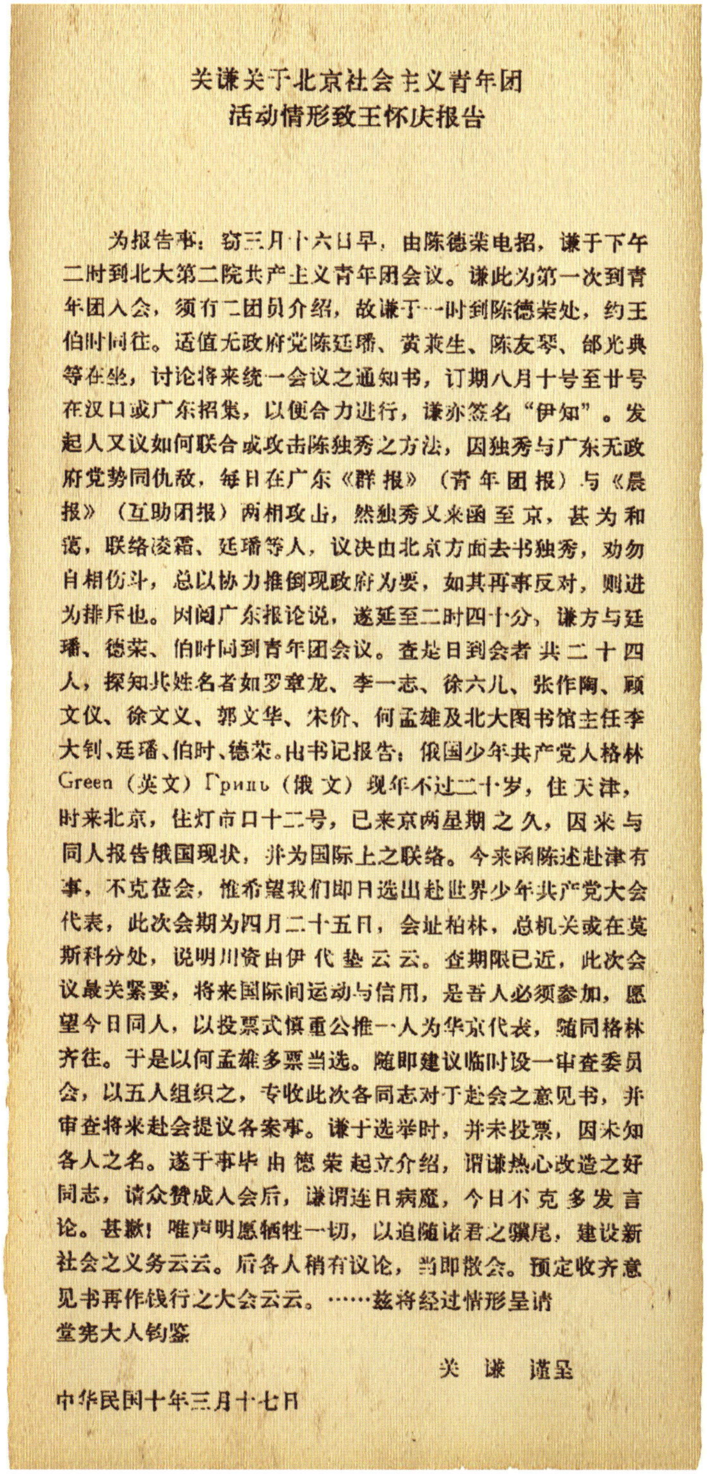

关谦关于北京社会主义青年团
活动情形致王怀庆报告

为报告事：窃三月十六日早，由陈德荣电招，谦于下午二时到北大第二院共产主义青年团会议。谦此为第一次到青年团入会，须有二团员介绍，故谦于一时到陈德荣处，约王伯时同往。适值无政府党陈廷璠、黄兼生、陈友琴、郜光典等在坐，讨论将来统一会议之通知书，订期八月十号至廿号在汉口或广东招集，以便合力进行，谦亦签名“伊知”。发起人又议如何联合或攻击陈独秀之方法，因独秀与广东无政府党势同仇敌，每日在广东《群报》（青年团报）与《晨报》（互助团报）两相攻击，然独秀又来函至京，甚为和蔼，联络凌霜、廷璠等人，议决由北京方面去书独秀，劝勿自相伤斗，总以协力推倒现政府为要，如其再事反对，则进为排斥也。因阅广东报论说，遂延至二时四十分，谦方与廷璠、德荣、伯时同到青年团会议。查是日到会者共二十四人，探知其姓名者如罗章龙、李一志、徐六几、张作陶、顾文仪、徐文义、郭文华、宋价、何孟雄及北大图书馆主任李大钊、廷璠、伯时、德荣。由书记报告：俄国少年共产党人格林 Green（英文）Гринь（俄文）现年不过二十岁，住天津，时来北京，住灯市口十二号，已来京两星期之久，因来与同人报告俄国现状，并为国际上之联络。今来函陈述赴津有事，不克莅会，惟希望我们即日选出赴世界少年共产党大会代表，此次会期为四月二十五日，会址柏林，总机关或在莫斯科分处，说明川资由伊代垫云云。查期限已近，此次会议最关紧要，将来国际间运动与信用，是吾人必须参加，愿望今日同人，以投票式慎重公推一人为华京代表，随同格林齐往。于是以何孟雄多票当选。随即建议临时设一审查委员会，以五人组织之，专收此次各同志对于赴会之意见书，并审查将来赴会提议各案事。谦于选举时，并未投票，因未知各人之名。遂于事毕由德荣起立介绍，谓谦热心改造之好同志，请众赞成入会后，谦谓连日病魔，今日不克多发言论。甚歉！唯声明愿牺牲一切，以追随诸君之骥尾，建设新社会之义务云云。后各人稍有议论，当即散会。预定收齐意见书再作饯行之大会云云。……兹将经过情形呈请
堂宪大人钧鉴

关　谦　谨呈

中华民国十年三月十七日

■ 北洋政府密探关谦多次向北洋政府京畿卫戍司令王怀庆报告各地社会主义青年团的活动情况。图为其中一份关于北京社会主义青年团活动的报告。

秘档珍闻

北洋政府步军统领衙门的秘密报告

北京团组织建立后，积极联络和组织进步学生学习马克思主义，宣传社会主义，并且发动和组织青年学生深入到工人群众中去，举办劳动补习学校，为发展北方工人运动作出了杰出的贡献。北洋政府严密防范进步活动，在北洋政府步军统领衙门档案中，留存着一个名叫关谦的密探关于北京社会主义青年团的秘密报告。

广州★

1920年8月，谭平山、谭植棠、陈公博等人开始筹建广州社会主义青年团。10月20日，谭平山、谭植棠、陈公博等创办《广东群报》，陈独秀在创刊号上发表文章《敬告广州青年》。

谭平山

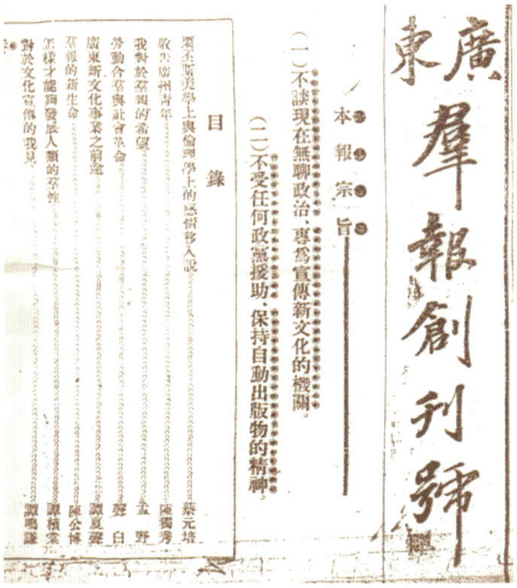

廣東羣報創刊號

本報宗旨

（一）不談現在無聊政治、專爲宣傳新文化的機關。

（二）不受任何政黨援助，保持自動出版物的精神。

目錄

美學上與倫理學上的感情移入說	蔡元培
敬告廣州青年	陳獨秀
我對於羣報的希望	孟　野
勞動合羣與社會革命	聲　白
廣東新文化事業之前途	譚夏聲
羣報的新生命	陳公博
怎樣才能夠發展人類的本性	譚植棠
對於文化宣傳的我見	譚鳴謙

1920年10月20日的《广东群报》创刊号

11月下旬，在广东高等师范学校召开广州社会主义青年团成立大会，通过了团的章程，组成了干事局主持团务，选举谭平山为首任领导人。

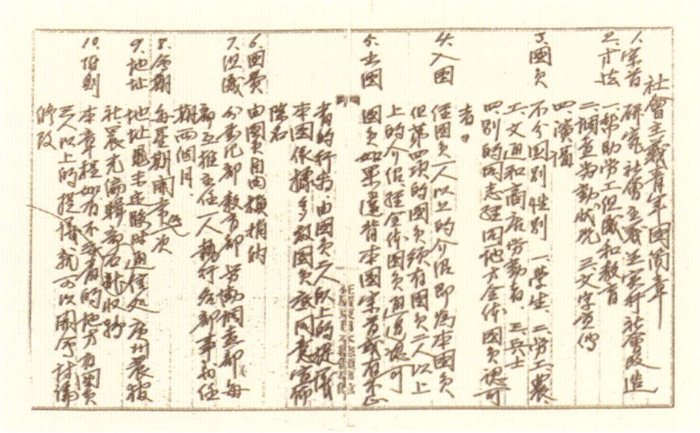

社會主義青年團簡章

图为日本外务省外交史料馆保存的章程抄件（复印件）

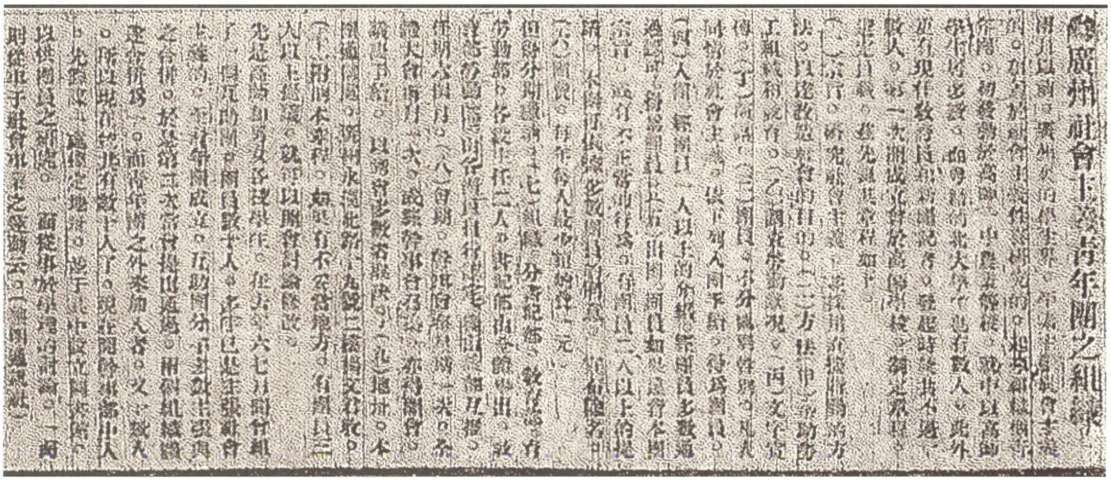

廣州社會主義青年團之組織

■ 1921年1月27日，《广东群报》刊登了《广州社会主义青年团章程》。

■ 1920年11月，广州社会主义青年团在广东高等师范学校（今广州市文明路215号）公开成立。

1920年12月，陈独秀到广州任广东教育委员会委员长，扩大新文化思想和马克思主义的宣传，帮助广东党、团组织的建设。

■ 1921年元旦《广东群报》增刊关于陈独秀到达广州的报道

■ 1921年4月迁到广州昌兴街26号、28号的《新青年》杂志社

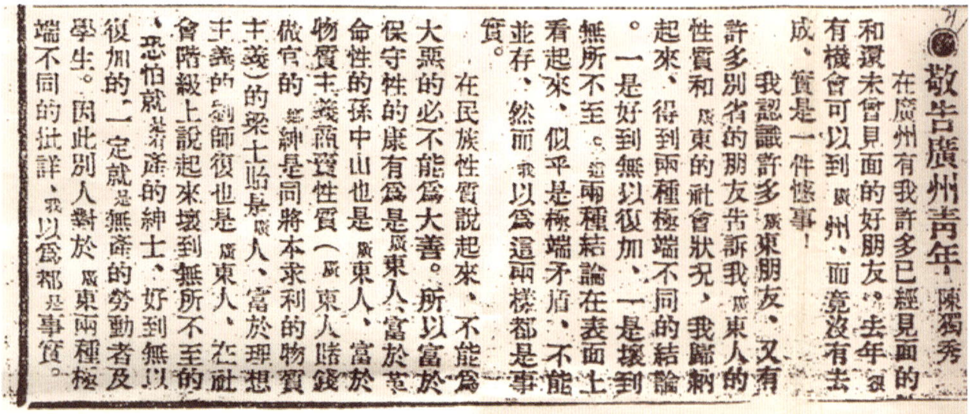

敬告廣州青年　陳獨秀

在廣州有我許多已經見面的和還未曾見面的好朋友，去年就有機會可以到廣州，而竟沒有去成，實是一件憾事！

我認識許多廣東朋友，又有許多別省的朋友告訴我廣東人的性質和廣東的社會狀況，我歸納起來，得到兩種極端不同的結論。一是好到無以復加，一是壞到無所不至。這兩種結論在表面上看起來，似乎是極端矛盾，不能並存；然而我以為這兩樣都是事實。

在民族性質說起來，不能為大惡的必不能為大善。所以富於保守性的康有為是廣東人，富於革命性的孫中山也是廣東人，富於物質主義商賈性質（廣東人賭錢做官的鄉紳是同將本求利的物質主義）的梁士詒是廣人，富於理想主義的劉師復也是廣東人，在社會階級上說起來壞到無所不至的，恐怕就是有產的紳士，好到無以復加的一定就是無產的勞動者及學生。因此別人對於廣東兩種極端不同的批評，我以為都是事實。

■ 陈独秀在《广东群报》创刊号上发表的文章《敬告广州青年》

■ 陈独秀在广州的住址“看云楼”所在地——广州太平沙九曲巷（今北京路太平沙街）

史海聆潮

北上北京，还是南下广州？

——《新青年》迁址风波

1920年12月，陈炯明邀请陈独秀到广州担任广东省教育委员会委员长。陈独秀跟李大钊商量后，决定趁此机会，在广东提倡新思想，发展新文化，筹建党组织，于是接受了陈炯明的邀请。

在赴广州前，陈独秀写信给李大钊、胡适等人，说：“日内即赴广州，此间编辑部事务已请陈望道先生办理。”而胡适却认为《新青年》宣传共产主义的色彩过于鲜明，解决的办法可以是移回北京编辑，或者是改变《新青年》的宗旨，不谈政治。

而陈独秀却坚持认为：“叫《新青年》发表宣言不谈政治，万万办不到。”他到达广州后，把刊物的编辑工作交给在上海的陈望道等人主持，同时又在广州寓所设立编辑部，亲自负责编辑工作。

北京风波未平，上海风浪又起。1921年2月4日，上海新青年社总经售处遭到法租界巡捕搜查。余波未了，几日后上海编辑部又被查封，法租界巡捕没收了正在印刷的《新青年》月刊第八卷第六号，罚款5000元，勒令不准在上海出版。

《新青年》在上海连遭重创，陈独秀最终决定，《新青年》迁址广州出版，仍由他主编。1921年4月，重新印刷出版第八卷第六号，并刊登《本社特别启事》，告诉读者《新青年》编辑部已迁移到广州昌兴街26号、28号。从1921年2月到1921年9月半年多的时间，共出版5期，其中重印第八卷第六号，第九卷从第一号到第四号。南下广州，是《新青年》的第三次迁移，为新文化和社会主义思潮在广州的传播发挥了重要作用。

谭平山、谭植棠、陈公博等创办广东省立宣讲员养成所，团员谭天度、杨章甫为该所教员；并在广东机器总工会举办机器工人夜校。

机器工人夜校旧址

■ 广州高第街素波巷宣讲员养成所（今广州第十中学起义路校区）

■ 广东省立宣讲员养成所同学录

1921年春，广州党、团组织负责人谭平山派团员梁复燃、王寒烬到佛山开展工人运动，组织土木建筑工会、理发工会等，发展青年团员。

史海聆潮

阮啸仙与“读书运动”

阮啸仙、刘尔崧等入团后，自觉开展了改造社会的斗争。“甲工”（广东甲种工业学校）在官僚政客的把持下，实行封建式教育，营私舞弊成风，校务废弛，学生们形同失学，严重妨碍了学生的进步和成长。“甲工”广大师生对此早已强烈不满。阮啸仙、刘尔崧和周其鉴、张善铭、丘鉴志、黄兴发等挺身而出，发动全校师生，开展了一场旨在改造“甲工”的“读书运动”。这场运动从1921年春酝酿，4月斗争公开化，持续了3个月之久，到6月迫使省政府撤换校长，斗争取得胜利。

武昌★

黄鹤楼下，学子振奋。董必武、陈潭秋等建立武汉的共产党早期组织后，也着手建立社会主义青年团。他们以董必武创办的武汉中学为重点，吸收其他各校的先进青年学生参加，于1920年11月成立武昌社会主义青年团，负责人是陈潭秋。

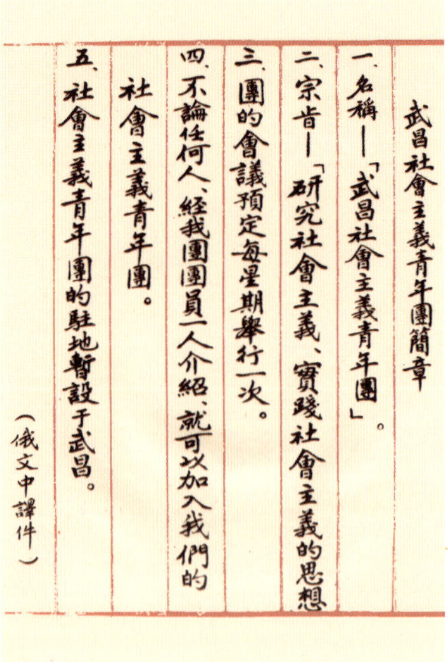

武昌社會主義青年團簡章

一、名稱——「武昌社會主義青年團」。

二、宗旨——「研究社會主義、實踐社會主義的思想

三、團的會議預定每星期舉行一次。

四、不論任何人、經我團團員一人介紹，就可以加入我們的社會主義青年團。

五、社會主義青年團的駐地暫設于武昌。

（俄文中譯件）

■ 武昌社会主义青年团成立大会通过的青年团简章

■ 董必武

■ 陈潭秋

长沙★

橘子洲头，湘江北去。毛泽东接到上海、北京团组织寄来的团章后，迅即着手建团工作。而在五四运动前后，中国思想界出现了各种新思潮。毛泽东非常重视马克思主义信仰，致力于发展意志坚定、有政治抱负的进步青年。他反复强调，要“找真同志”。1921年1月13日，长沙社会主义青年团正式成立，团书记是毛泽东。最早发展的团员，是经过五四运动考验的新民学会会员，以及进步学生、青年工人。

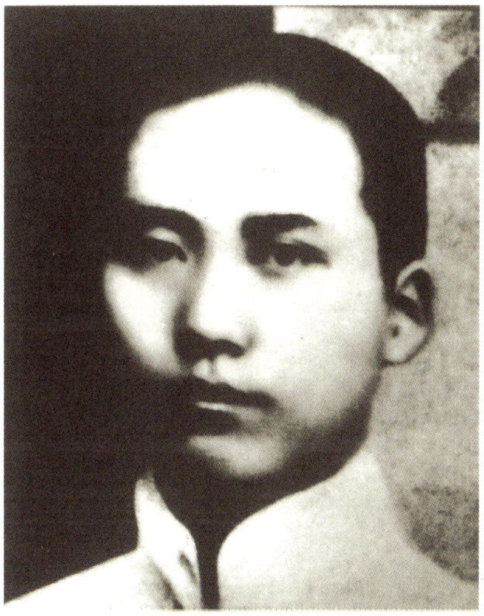

■ 毛泽东

各地的青年团，主要领导人都是共产党人。各地的青年团章程，开宗明义都是“研究社会主义，实现社会主义思想”。

由于共产党的活动是秘密的，青年团的活动可以公开或半公开，各地社会主义青年团组织以公开或半公开的形式，具体贯彻落实党组织决定的各项工作任务，积极发展党、团组织，向广大人民群众宣传马克思主义和党的各种主张，大力推进中国民族解放运动的开展。

伴随历史新时期的到来，中国社会舞台上开始奏响激越的青春旋律。

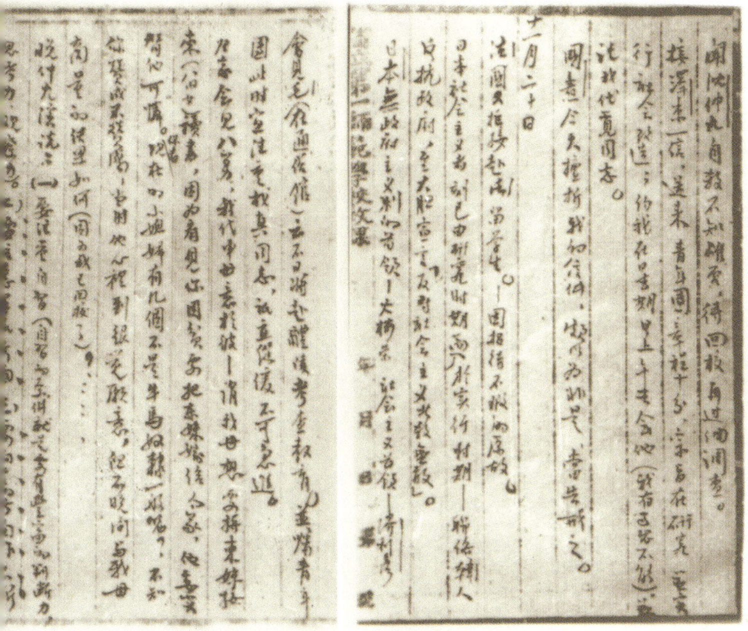

■ 各地青年团早期组织在建立的过程中，分别得到陈独秀、李大钊的指导。长沙第一师范学生张文亮1920年9月至12月在日记中记述了这方面的内容，另外日记中还记述了毛泽东在湖南开展建团工作过程中反复强调要“找真同志”的内容。

叁 党中央领导团整顿 去芜存菁斗志昂扬

【中共一大】

青年团的早期组织多数只是带有社会主义倾向的青年团体，在各地共产党早期组织的领导下，开展了一些革命活动。但是由于政见不合、成分复杂，在1921年5月前后出现活动暂时停顿的现象。

1921年7月，上海和嘉兴南湖亮起了中国革命的灯塔，指明了中国青年运动的方向。中国共产党第一次全国代表大会专门研究了在各地建立和发展社会主义青年团作为党的预备学校的问题，还研究决定了吸收优秀青年团员加入共产党的办法，对于巩固和发展青年团工作给予了极大的关注。

■ 1921年7月，中国共产党第一次全国代表大会在上海召开。图为中共一大会址。

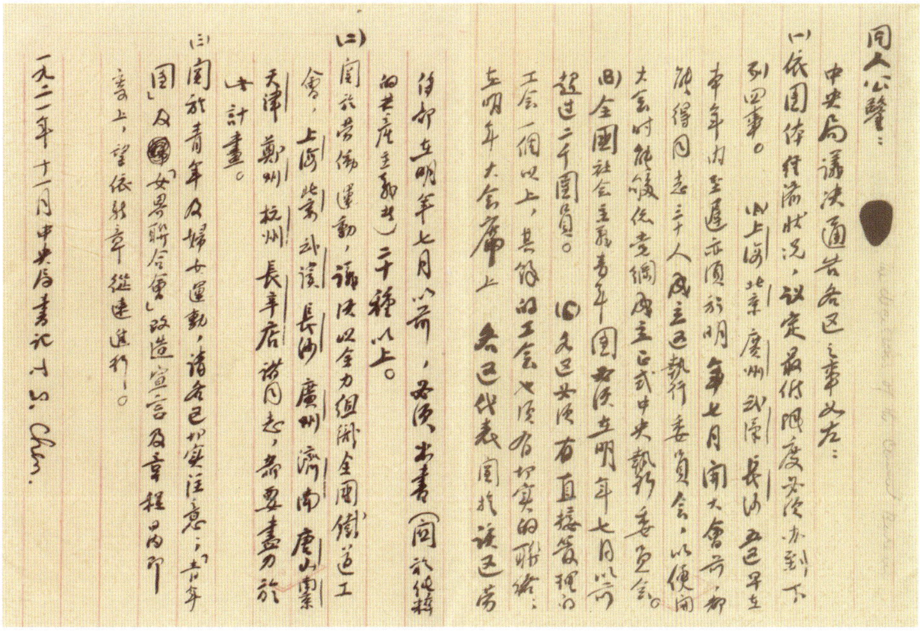

1921年11月，由中共中央局书记陈独秀签署的《中国共产党中央局通告》。

【党指导下的青年团的整顿】

恰在此时，在出席共产国际三大和青年共产国际二大后，1921年8月奉调回国的张太雷带回了青年共产国际要求中国完成创建青年团工作的指示。于是中共中央局便决定由张太雷、施存统等人负责整顿和恢复中国社会主义青年团的工作，颁发《中国社会主义青年团临时章程》。在思想信仰上明确提出“确立社会主义青年团为信奉马克思主义的团体”，以“使分子不至于复杂”。遵照团的临时章程“正式中央机关未组成时，以上海机关代理中央职权”，“各地方团以各地社会主义青年团名之，为本团之一部”等有关规定，在上海建立了团临时中央局，施存统为临时中央局代理书记。同年11月，为进一步加强对青年团的领导，中共中央局发出《中国共产党中央局通告》，要求“全国社会主义青年团必须在明年七月以前超过二千团员”，并要求各地党组织“切实注意”青年运动，对青年团组织的领导要“依新章从速进行”。

【《先驱》促进思想统一】

1922年1月，《先驱》在北京正式创刊，在《先驱》发刊词中，明确提出“努力研究中国的客观的实际情形，而求得一最合宜的实际解决中国问题的方案”。《先驱》出版三期后转移到上海由团临时中央局编辑出版，从第四期起开始成为中国社会主义青年团机关刊物，以便于加强团员的思想教育工作，更好地用马克思主义武装全团和统一全团的思想。

先驅
The Pioneer
半月刊
創刊號
每份銅元二枚
發刊詞
評論
革命與社會主義

■ 《先驱》发刊词

《先驱》第五期刊登的《中国社会主义青年团临时章程》明确规定“以研究马克思主义、实行社会改造及拥护青年权利为宗旨”。《先驱》在青年团早期活动期间，为统一全团思想、加强团员的马克思主义教育作出了重要的贡献。

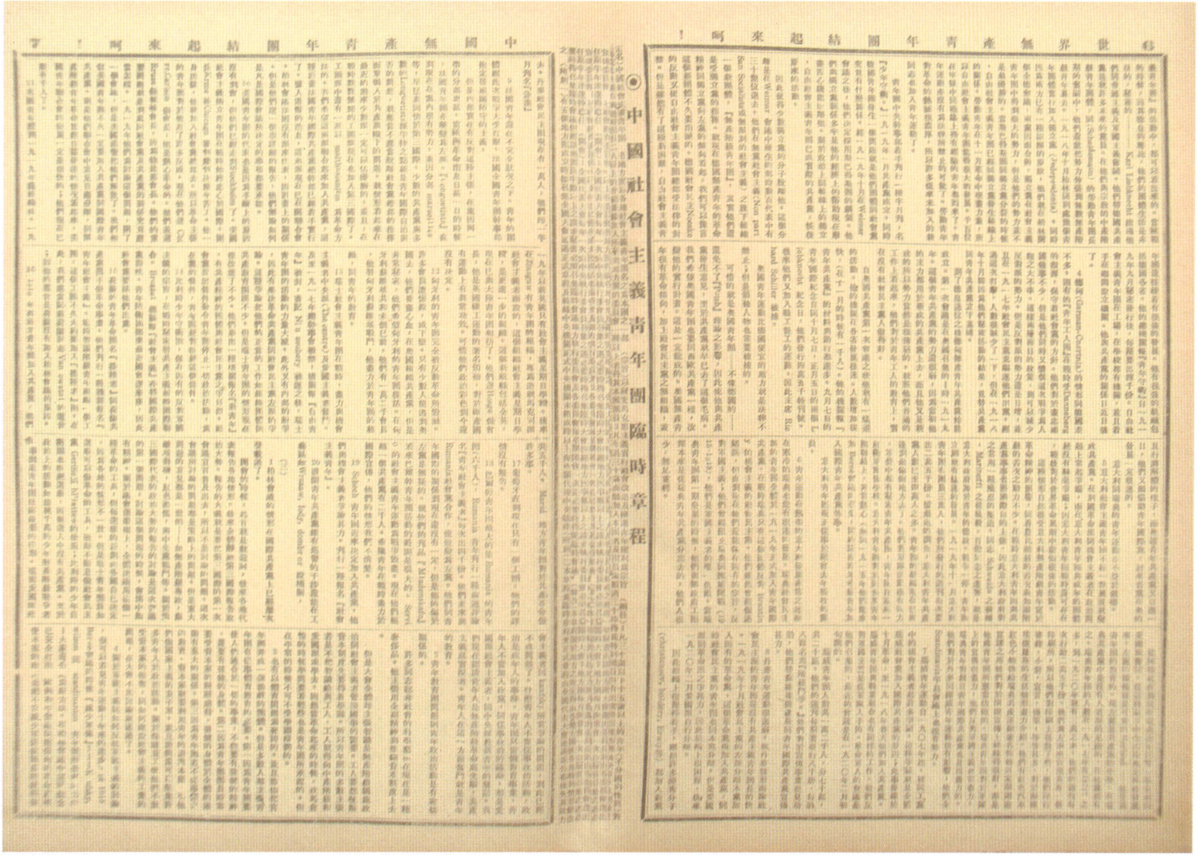
中國社會主義青年團臨時章程

《先驱》第五期刊登临时章程

《中国社会主义青年团临时章程》

[定名]

中国社会主义青年团。各地方团以各地社会主义青年团名之，为本团之一部。

[宗旨]

以研究马克思主义、实行社会改造及拥护青年权利为宗旨。

[团员]

（1）凡三十岁以下十五岁以上的青年（不分国别、性别），对于马克思主义有兴趣，经团员二人以上的介绍，并愿加入所在地地方团的委员会一种以上者，得为本团团员。（2）凡年过三十岁而愿加入本团者，及团员岁数过三十时，得为特别团员；但有出席发言权，而无议决权。（3）凡团员违背本团宗旨、章程或议决时，得由该地方团大会到会过半数之议决开除之。（4）凡团员三个月不交团费，及三次无故不到会者除名。（5）凡团员对于团务进行不力，经地方执行委员会警告不改者，得由各地方团到会大多数议决开除之。

[团费]

每月一角，愿多捐者听。

[组织]

（1）本团以全国代表大会为最高机关（各地方团派代表人数，由各地方团共同议定之）。（2）距离两代表大会之间，中央执行委员会为最高中央机关。该执行委员会由秘书一人、组织一人、宣传一人组成之；在每年全国代表大会选出，连选得连任。（3）各地方团分为若干委员会如下：一、劳工运动委员会，二、农民运动委员会，三、学生运动委员会，四、妇女运动委员会，五、军人运动委员会，六、政治宣传委员会，七、社会教育委员会。以上各委员会，各地方团得依各地情形及临时需要增减之，各地方团设立执行委员会，由秘书一人及各委员长组成之，总理一切。秘书由该地方团大会选出，委员长则由各委员会选出，任期半年，连选得连任。

［开会］

（1）全国代表大会每年一次，由中央执行委员会召集之。遇必要时，得召集临时大会，但经地方团半数以上之请求，执行委员会必须召集临时大会。（2）地方团每月开常会一次，由秘书召集之。遇必要时，得召集临时会议，但经该地团员半数以上之请求，秘书必须召集临时会议。地方执行委员会及各委员会每星期开会一次，遇必要时，得开临时会议。

［修改］

本章程关于地方之规定，得由各地方团依各地特别情形修改之。

［附则一］

有五个地方团成立时，即召集全国大会，通过正式章程及组织中央机关。正式中央机关未组成时，以上海机关代理中央职权。

［附则二］

本章程为临时章程，至正式章程由全国代表大会通过并公布后失其效力。

（原载《先驱》第五号　1922年4月1日出版）

【广东社会主义青年团整顿重组纪事】

各地恢复青年团组织工作是在当地党组织直接领导下进行的。1921年10月，中共广东支部负责人谭平山领导恢复、整顿广州青年团组织，重新登记团员，同时派人到佛山、肇庆、梧州、南宁、汕头、琼州等地建立分团。

◎ 1921年10月，上海社会主义青年团“总团”提出“改组”，委托谭平山及中共广东支部“再重新组织分团”。

◎ 1922年1月15日，广东社会主义青年团等团体在东园举行万人集会，隆重纪念国际青年运动先驱卡尔·李卜克内西和罗莎·卢森堡。会上公开向社会广泛宣传建团宗旨、目的，号召青年入团，并召开了第一次筹备会。

◎ 1922年2月19日，《广东群报》刊登启事：广东社会主义青年团从1922年2月19日开始公开对外办事，本团临时办事处设在素波巷19号内。

◎ 1922年2月26日，广东社会主义青年团机关刊物《青年周刊》创刊，以宣传马克思主义，彻底改造旧社会为宗旨。

◎ 1922年3月初，广州团员发展到400多人，佛山、肇庆、汕头、琼州等地开始组织分团。

◎ 1922年3月14日，在东园召开广东社会主义青年团成立并纪念马克思逝世39周年大会，出席会议的团员和来宾有3000多人，谭平山在会上代表广东社会主义青年团致答词，称本团“纯以马克斯主义做中心思想”，希望对马克思学说有兴趣的人，或研究有素的人，都加入本团。

青年週刊

■ 1922年2月26日，广东社会主义青年团机关刊物《青年周刊》创刊。

◎ 1922年3月19日，在素波巷19号召开团员大会。广东社会主义青年团设劳工运动、学生运动、妇女运动、农民运动、军人运动、政治宣传、社会教育七个委员会；设文书、宣传、劳动组织、财务、总务、地方分团等六部。谭平山为书记，王寒烬、潘兆銮、谭植棠、王觉群等为各委员会负责人；杨匏安、谭天度为中英文秘书。

◎ 1922年4月2日，《广东社会主义青年团修正章程》正式公布，规定："本团以研究马克思主义，实行社会改造为宗旨。"

◎ 1922年4月6日，广东社会主义青年团选举产生了正式领导人，谭平山任书记。由书记及各委员会正、副委员长组成执行委员会。

◎ 1922年4月10日，执行委员会召开第一次会议，决定各部人员的任职事项：由杨章甫任文书部主任，梁空任宣传部主任，谭植棠任财政部主任等。

广东团组织临时办事处设在素波巷19号

至此，广东社会主义青年团的组织领导机构正式建立。

1922年5月20日，共产国际在华工作的"全权代表"利金（1921年10月由共产国际执委会远东书记处派赴广州），就在华工作给共产国际远东书记处写出书面报告，对广州革命运动的状况作出了较好的评价："在广州，青年团已经发展为一个很大的合法组织，约有团员800名。"

史海聆潮

青年心声

杨匏安："我们最服膺马克斯主义"，因为它"指示我们实现社会主义实际道路"。

谭平山：本团的组织，纯以马克斯主义作中心思想，因为我们确信马克斯主义有改造社会的能力。

叶纫芳：加入中国社会党，同师复、江亢虎有交往，但长期以来对中国出路，总觉得空空洞洞，没有把握，得不到一个切实的答案。直到俄国革命成功，马氏学说大昌，我再拿他们底学说事实，细心观察，才恍然明白要达到共产主义，非走这一条路不可，而且并无第二条路可走了。

【广东其他地区团组织】

广东社会主义青年团还派罗汉、陈殿邦、陈日光、叶纫芳等人在广东其他地区建立团组织。

【佛山】

谭平山等人在恢复广州社会主义青年团的过程中，把梁复燃、王寒烬在佛山建立的土木建筑工会的1500多名会员和理发工会的600多个会员都发展到青年团中来。团临时中央局对此很赞赏，特请王寒烬作为团员代表出席1922年1月在莫斯科召开的远东各国共产党及民族革命团体第一次代表大会（另一位广州团代表为冯菊坡），请梁复燃出席全国团一大。据施存统回忆："1922年上半年，全国有团员4000多人，其中2000多人是广州佛山的工人。"

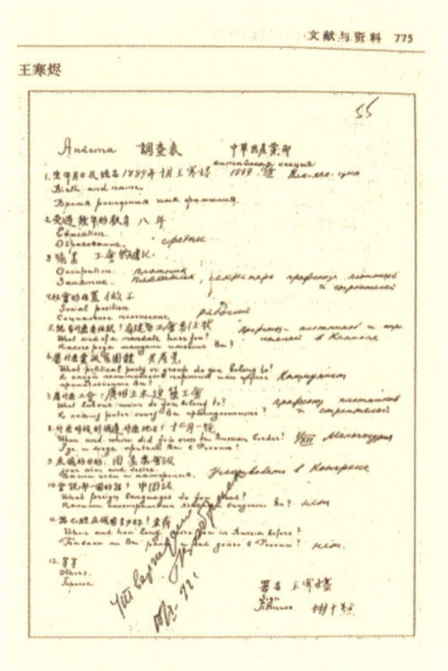
文献与资料 775

王寒烬

调查表

Birth and name.

Education.

Occupation.

Social position.

What kind of a mandate have you?

What political party or group do you belong to?

What labour union do you belong to?

Your aim and desire.

What foreign languages do you speak?

Where and how long were you in Russia before?

Others.

■ 1922年春，王寒烬赴俄出席远东各国共产党及民族革命团体第一次代表大会时填写的调查表。

【琼州】

1921年12月，罗汉、吴明（陈公培）、鲁易、李实先后到琼州工作，与徐成章、徐天柄合作筹建团组织。1922年1月琼州社会主义青年团正式成立，罗汉任书记。

■ 吴明晚年像

【肇庆】

1921年12月，谭平山派陈殿邦筹建广东社会主义青年团肇庆分团。1922年3月肇庆分团正式成立，陈殿邦任负责人。

■ 陈殿邦

【新会】

1922年3月，陈日光等人组建社会主义青年团新会分团，驻地会城。陈日光任书记。

■ 陈日光

1922年3月15日，陈日光等人创办的《新会协作主义同志研究会半月刊》，同年10月更名为《觉悟周报》。

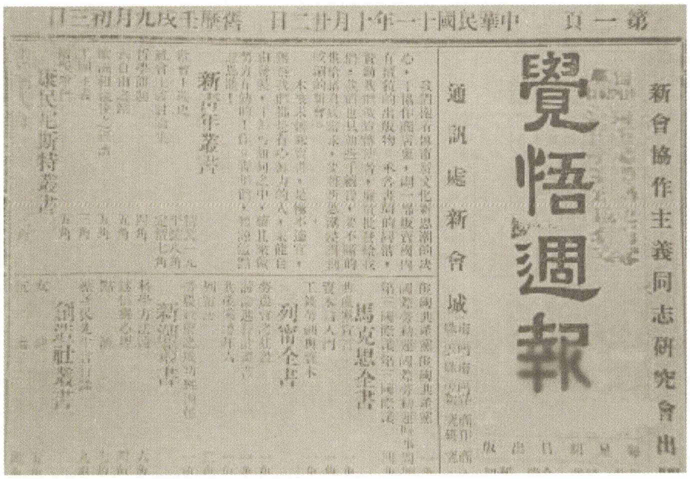

第一頁 中華民國十一年十月廿二日 舊曆壬戌九月初三日

新會協作主義同志研究會出版

覺悟週報

通訊處新會城

馬克思全書

列甯全書

新青年叢書

康民尼斯特叢書

新潮叢書

創造社叢書

■ 《觉悟周报》

【汕头】

马林和张太雷于1922年1月到汕头与叶纫芳等多次联系，向他们提出了建立社会主义青年团的要求。1922年，叶纫芳在汕头建立团组织。

史海聆潮

叶纫芳与汕头社会主义青年团

谭平山在组建广东社会主义青年团的时候，亲自写信给叶纫芳并寄去团的章程和书报，委托他们开展建团工作。1922年3月1日夜3时，叶纫芳给谭平山回信，字里行间流露出对谭平山的马克思研究和信仰的佩服之情，明确提出坚决走俄国革命成功之路，表示其应允了马林和张太雷关于要他们在潮汕地区建团的要求，“要尽我的能力，联合各处的同志，并宣传、运动本地的各界”。

【长沙团组织整顿后的青年运动】

1921年中共一大之后，在毛泽东的帮助下，湖南劳工会领袖黄爱和庞人铨由信仰无政府主义转而信仰马克思主义，加入了中国社会主义青年团。他们接受毛泽东的建议，对湖南劳工会进行改组，并任执行委员会书记部委员，湖南劳工会从此纳入中共湖南省支部指导的工人团体之列。1921年12月25日，在毛泽东的领导下，湖南劳工会与长沙学界和社会各界联合举行反对帝国主义列强华盛顿分赃会议的游行大会，参加的工人上万，散发了30余种20万份传单，声势浩大。1922年1月13日，湖南第一纱厂工人发动大罢工，要求年终加薪，遭到湖南军阀赵恒惕的残酷镇压，当场死亡3人，伤30人。黄爱和庞人铨代表劳工会与资方谈判，提出军队一律从纱厂撤出，发给死难者丧葬费，被伤工人发给调治费等共11项合理要求。1月16日夜，黄爱和庞人铨被军警逮捕，次日清晨，未经审讯即在长沙浏阳门外惨遭杀害，黄爱被砍三刀后仍奋力高喊：“大牺牲，大成功！”

黄爱与庞人铨

◎ 黄爱和庞人铨殉难的消息迅速传遍全国，引起工人阶级和全国人民的无比愤怒。

◎ 1922年4月16日，广州工界召开追悼会，黄爱70多岁的父亲亲自参加。

◎ 中国社会主义青年团发表《为黄庞被害事对中国无产阶级宣言》，机关报《先驱》连续发表文章，称颂黄爱“是中国无产阶级最能奋斗的指导者”，“是中国学生的先觉”。

◎ 1922年5月1日第一次全国劳动大会一致决定每年的1月17日为黄、庞殉难纪念日。

◎ 中国劳动组合书记部称他们是“中国第一次为无产阶级而死的先烈”。

◎ 邓中夏称颂他们是工人阶级牺牲的英雄。李大钊的《黄、庞流血记序》指出：“黄、庞两先生用他们的血，为我们大书特书了一个新纪元。”

◎ 周恩来在法国写的《生别死离》一诗，赞扬他俩“是中国卢（森堡）、李（卜克内西）”。

湖南通俗日報

■ 《湖南通俗日报》关于湖南人民公葬黄爱、庞人铨等烈士的特别启事。

秘档珍闻

《为黄庞被害事对中国无产阶级宣言》

1922年3月，中国社会主义青年团发表《为黄庞被害事对中国无产阶级宣言》：“黄爱、庞人铨不过两个贫苦的工业学生，拼着一腔热血，想替劳动者企图较好的生活，才组织湖南劳工会……一定要诬他们宣传无政府主义，私通土匪，收买枪械等等罪名，简直是无意识呵！黄君是我们底团员，庞君是我们底同志……从被捕到遇害，不过三点钟，没有审问，也没有罪状；——汤执法官向他们说‘你们死了，自然有罪状的’！由着雄赳赳的兵士，将他们裸着上身，拥到长沙浏阳门外，庞人铨砍了一刀，黄爱砍了三刀，可怜！惨呵！……”

【整顿后的青年团组织】

思想统一，为团的组织提升了斗志；

队伍整顿，为团的组织增添了活力。

在党的重视和帮助下，社会主义青年团重整旗鼓，得到了迅速恢复和发展。到1922年5月，全国已经建立团组织的地方有17处：上海、北京、武昌、长沙、广州、南京、天津、保定、唐山、塘沽、安庆、杭州、潮州、梧州、佛山、新会、肇庆，团员达5000多人，其中大多数为工人，次为学生。

“东风随春归，发我枝上花。”各地的社会主义青年团的组织活动进入了一个新的发展阶段。

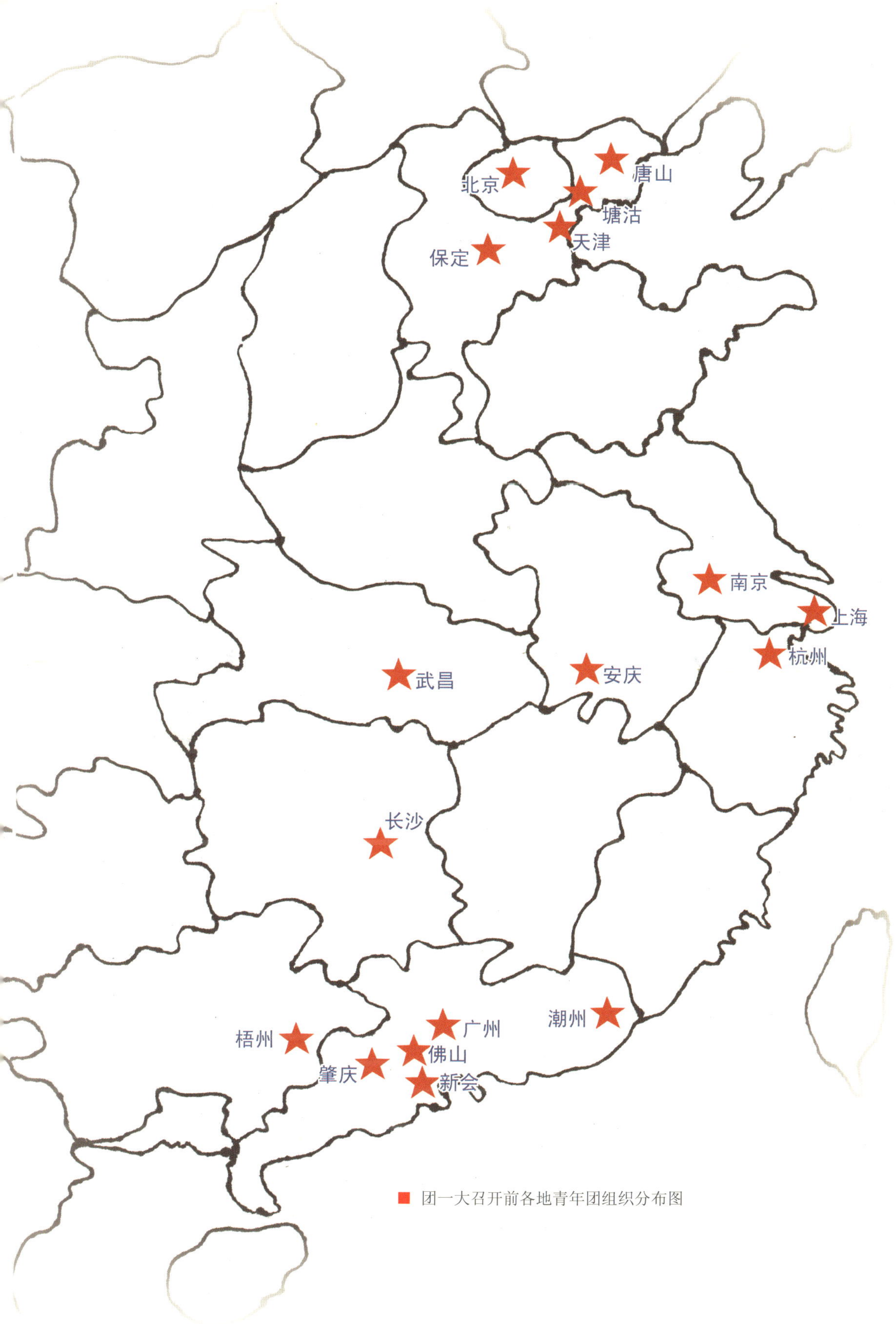

■ 团一大召开前各地青年团组织分布图

第二章

历史巧选择 天地有正气

笔走龙蛇，纸蕴风云—— 一封信，飘散着红棉的芬芳，吹拂着羊城的热风，传到了黄浦江畔，居然改变了中国社会主义青年团第一次全国代表大会的预定日程。

神州大地，内外交困，水深火热。中国共产党成立不久就着手组建青年团，以教育、引导、凝聚有志青年为民族复兴而奋斗。团一大，正是为了正式建团而召开的。

“虑善以动，动惟厥时。”准备召开团一大，是乘各地恢复、整顿、发展团组织之东风。团一大的预定日程，由中共中央局和青年团上海临时中央局审时度势，共同商定。

广州召唤团一大，以巍巍白云山下的自由环境风气；

5月召唤团一大，以滔滔南海之滨的劳工激情呐喊；

东园召唤团一大，以滚滚珠江两岸的青年沸腾热血。

终于，带着北国寒夜中的星火，带着长江岸边的潮音，带着南粤大地的新花……25位全国各地团组织的代表来到了广州的东园。

“东风好作阳和使，逢草逢花报发生。”团一大会议的地点、时间和代表的确定，存在历史的偶然，但也是历史的必然。1922年5月5日，团一大在广州东园隆重开幕，可谓历史的选择。

壹 革命热潮风涌南粤 建团大会选址东园

《尚书》有云："思其艰以图其易。"团一大之所以选择在广州召开，是因为广东的革命形势如同红棉怒放，燃红天际。

【历史选择了广州】

"大江东去，浪淘尽，千古风流人物。"纵观中国近现代史，广东之所以成为中国革命的策源地，并不是偶然：资本主义工商业的率先发展，地理优势派生的对外交流文化传统以及"敢为天下先"的地域族群个性，是其中最重要的原因。在那个风起云涌、壮怀激烈的年代，英雄城市广州见证了太多历史的兴衰成败；中国社会主义青年团第一次全国代表大会在广州东园的召开，也是这棵承载了许多历史记忆的木棉树上的一朵奇葩。当时的中国大部分地区处于封建军阀和帝国主义的控制之下，中共党、团力量的发展受到严重制约。1921年1月22日，孙中山再次建政广州不久，广州政府即宣布废止《治安警察条例》（袁世凯所定），这个举措得到当时在广州的陈独秀的赞扬："就像是解除了颈子上一条大而且重的铁链"。广州的政治环境比较宽松，革命团体开展活动没有受到限制，比较自由。

■ 图为20世纪20年代广州惠爱路，1948年为纪念孙中山而改名中山路，今天仍为广州市区主要的交通干线，沿路是广州重要的商业区。

史海聆潮

1920年代：时人眼中的广州

梁启超：粤人者，中国民族中最有特性者也，其民族与他地绝异，言语异、风习异、性质异，故其人颇有独立之想，进取之志。

孙中山：吾粤之所以为全国重者，不在地形之便利，而在人民进取心之坚强，不在物质之进步，而在人民爱国心之勇猛。

陈独秀：我心中对于广东充满了我的希望。

共产国际：在远东，广州是唯一勿需打扰当局就可以建立常设代表处的城市。

史海聆潮

袁世凯公布《治安警察条例》

1914年3月，袁世凯公布《治安警察条例》，妄图用严刑酷法使全国人民屈服于他的暴政之下。该条例共41条。主要规定：凡制造运输或携带私藏军器爆裂物、参与政治集会、政治结社、公众运动游行、众人群集以及在通衢大道、公众往来场所粘贴文书图画、演说朗读等事项，警察视其情况行使治安权。政治结社和政坛集会，事前须呈报警察官署批准。严禁女子、军人、警察官吏、小学教员、在校学生加入政治结社和参加政治集会，禁止诱惑及煽动同盟罢工、同盟解雇、强索报酬、扰乱安宁秩序、妨碍善良风俗的活动。以上违反者视其情节处以各种罚金、拘留乃至判予徒刑。

■ 杨匏安

1922年1月，香港海员大罢工爆发，大批海员撤回广州，坚持斗争，在广州政府、中共广东支部和广州市民的支援下，罢工取得胜利，广州成为当时全国工人运动最发达的地区之一，有着浓烈的革命氛围。

中共创始人陈独秀先后三赴广东，其间亲自指导和参与广东党、团组织的建设。他担任广东省教育委员会委员长之后，介绍谭平山任副委员长，由该会拨出经费开办宣讲员养成所，由陈公博等中共党员、团员任所长、教员，宣传和普及马克思主义，培养开展群众工作的干部。

孙中山和国民党人对社会主义的同情和传播，为马克思主义在广东的广泛传播提供了条件。广东早期共产党人对马克思主义的广泛传播，促进了广东青年的思想觉醒。五四时期，留日归国学生杨匏安撰写《马克思主义》一文，系统介绍了马克思主义。

■ 香港海员工人领袖林伟民

■ 1922年初，在英国殖民统治下的香港爆发了中国海员大罢工。图为罢工胜利后，香港人民热烈庆贺。

广东早期的青年运动基础较好，广东社会主义青年团经过改组，迅速发展壮大，各个方面都走在全国的前列。1922年1月召开广东社会主义青年团第一次筹备会时，到会58人；2月召开第二次筹备会时，团员已达140人；到3月初，仅广州一地，重新发展登记入团的就有400多人。此外，在肇庆、佛山、梧州、潮州、新会也组织了分团。至团一大召开时，全国有17个地方团组织，其中广东有5个。广东的团员们表现出了极大的政治热情。1922年1月，刚组织起来的数十名团员就投入支援香港海员大罢工的斗争。同年3月，广东社会主义青年团成立大会在广州东园召开，赴会者有3000多人。

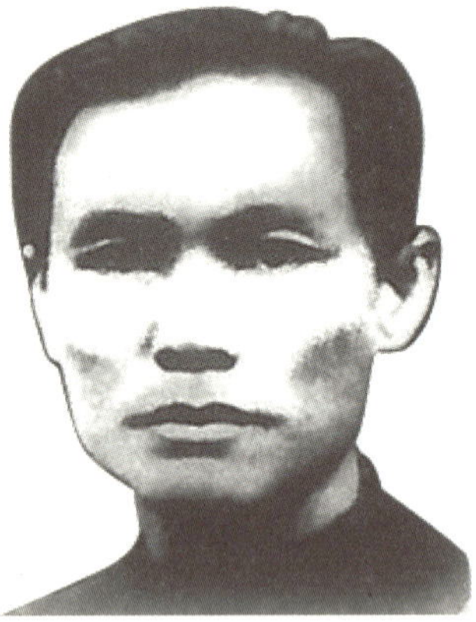

■ 香港海员工人领袖苏兆征

■ 位于珠海市淇澳岛淇澳村的苏兆征故居

史海聆潮

工运领袖苏兆征与宋庆龄共同奋力省港大罢工

孙中山在香港期间，孙中山与宋庆龄在船上接见了苏兆征等人，与他们一一握手，照相留念。1925年省港大罢工爆发后，宋庆龄公开表示对于省港大罢工的同情与支持，发表文章称赞此次罢工斗争正是“志（孙中山）先生之志，行先生之行”。她还大力发动国内各界人士及海外华侨为省港大罢工捐款共达10余万元之多。苏兆征对宋庆龄怀着无限敬仰和感激之情。1926年1月，宋庆龄从上海前来广州参加国民党二大期间，1月25日，苏兆征率罢委会委员们专程前往宋庆龄寓所，向她表示慰问，衷心感谢她对于这次反帝罢工斗争的大力支援。宋庆龄在会见时一再表示“援助罢工乃国人之天职”，并谓“本人不日回上海，此后当对于罢工必尽其能力以帮助”。

史海聆潮

香港海员大罢工

香港海员大罢工（1922年1月12日—3月8日），一共历时56天，是香港中国海员在海员工会联合总会的组织领导下举行的震惊中外、影响深远的一次大罢工。罢工原因是因为工人对低工资和恶劣的劳动条件的不满，短短一个星期内，罢工规模迅速扩大，海员纷纷从香港返回广州，香港几乎成为一座“空港”。从2月初起，罢工从要求增加工资的经济斗争，发展成为反抗帝国主义压迫的政治斗争。此次罢工以迫使港府和资方同意工人要求而胜利结束。

中国共产党在香港海员大罢工过程中起到了关键的领导作用。为了庆祝罢工的胜利并将全国工人运动推向一个新的高潮，中共中央局决定1922年5月1日至6日在广州召开第一次全国劳动大会。中国社会主义青年团第一次全国代表大会接着在广州举行。

1922年3月，香港海员大罢工胜利后，海员工会职员在广州合影。

【历史选择了东园】

一百多年前，东园临江边浅滩，得江月之美，亭台楼阁、树木花果，成为一时名园。民国初年，一场火劫，一座名园竟成了一座废墟。20世纪20年代前后，很多大型的革命集会都在这里举行，故俗称东园广场。东园广场上的怒吼，在我国新民主主义革命史上有着光辉的一页。

东园，是孙中山八次宣传革命、推动护法的集会地；

东园，是广州市民声援北京五四运动的集聚地；

东园，是中国国民党中央执行委员会开办农民运动讲习所的首办地；

东园，是广东青年、妇女和儿童革命运动的发源地；

东园，是世界工运史上时间最长的罢工——省港大罢工指挥部所在地；

东园，是中共早期领导人开展革命活动和培养革命骨干的园地，毛泽东、刘少奇、周恩来、陈延年、邓中夏、彭湃、萧楚女、恽代英等领导人都到过东园作政治报告和开展工作；

东园，是中华全国总工会成立后的第一个总部所在地。

■ 东园门楼

史海聆潮

东园旧主——李准

李准（1871—1936），字直绳，四川邻水人，曾任晚清广东水师提督，参与镇压革命党人。广州黄花岗起义后，广东革命形势迅猛发展，李准思想上逐渐转变，后率部反正，归附革命，力促广东光复，迎接胡汉民前往广州就任都督，使广东独立得以和平实现，受到胡汉民的高度赞扬。

中国历史上第一位在南海诸岛宣示主权的海军将领

李准

20世纪初，南海东沙岛被日本侵占，激发了大清上下捍卫主权的热情。1907年，清末广东水师提督李准乘“伏波号”军舰到东沙群岛巡视。经过反复交涉，日本承认东沙岛为中国固有领土，侵占该岛的日本人撤离。

巡阅东沙群岛是广东水师对南海主权宣示的开始，这次巡航，让他们有了向更南的中国海远航的行动。

“伏波”舰

1909年5月，广东水师提督李准奉命率领170多人的舰队，乘“伏波”、“琛航”诸舰出航巡视南海。李准一行在西沙群岛历时20多天，查明岛屿15座，一一刻石命名，并且在永兴岛上升旗鸣炮，宣示主权。巡海舰队还利用英制测航皮尺、海上定位器、经纬仪等设备，对所经海域做了测量和考察，获得很有价值的航测数据。

返回广州后，李准还在水师提督府亲自举办了一个南海诸岛展览会，展出巡海照片、地图及南海珍贵海产等，是近代中国海防教育中的一次重要活动。

20世纪30年代初，寓居天津的李准，面对法国、日本相继在西沙群岛的无理侵占，义愤填膺，公开在《大公报》上发表了其任广东水师提督时勘测南海诸岛的报告书，公布其当时的巡海日记，重申南海诸岛是中国的领土，坚决维护祖国的领土主权的尊严。

李准成为中国历史上第一位在南海各岛宣示主权的海军将领，为纪念他的功绩，南海诸岛中尚有以他名字命名的李准滩。李准在《大公报》上发表的文章及其曾根据亲身经历和见解所著的《广东水师国防要塞图说》一书（1910年印），至今仍是中国政府用以证明对南海诸岛拥有领土主权的重要文献。

贰 五月五日寓意信仰 三会并开彰显主义

古代贤哲说过，“时来天地皆同力”，“智者贵于乘时”。团一大在1922年5月5日开幕，正是历史的选择。

【一封信请来了团一大】

1922年2月初，青年共产国际代表达林由莫斯科动身，经哈尔滨于3月到达上海，与陈独秀、张太雷等中共领导人会晤。达林此行身负一个重要的任务：帮助筹备召开中国共产党领导下的青年团的成立大会。

1922年2月22日，上海团临时中央局以“中国社会主义青年团代理书记”的名义向各地团组织发出通知，准备于4月在上海召开全国青年团代表大会。然而，当时中国的大部分地区，包括上海在内，正处于北洋军阀和帝国主义直接统治压迫之下，中国共产党的活动受到制约，很不安全。而深受孙中山民主思想影响的广东，革命的形势发展迅速。据此，中共广东支部领导人、广东团书记谭平山于3月6日写信给临时团中央代理书记施存统提议：“大会地点，如能够改在广州更好，因为比较的自由。”

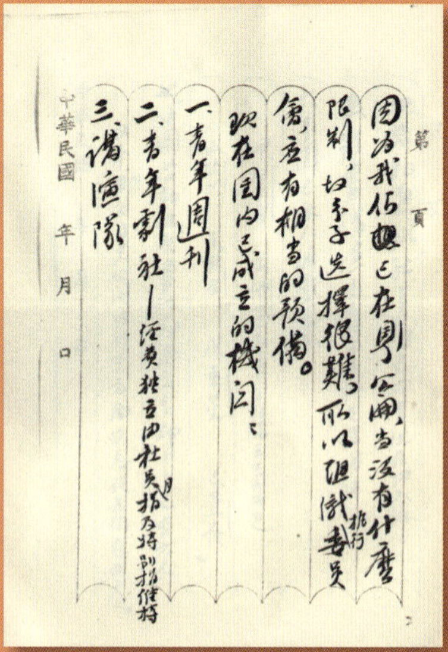
第　頁
因为我们现已在粤公开，当没有什么限制，切不可选择很难，所以组织执行委员会，应有相当的预备。
现在团内已成立的机关：
一、青年周刊
二、青年剧社——经费独立由社员担及特别捐维持
三、讲演队
中華民國　年　月　日

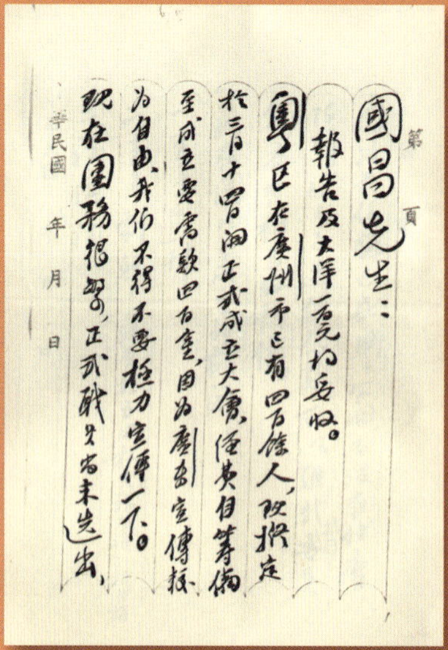
第　頁
國昌先生：
报告及大洋一百元均妥收。
粤区在广州市已有四百余人，现拟定于三月十四日正式成立大会，经费自筹备至成立要需款四百余元，因为广东宣传极为自由，我们不得不要极力宣传一下。
现在团务很繁，正式职员尚未选出，
中華民國　年　月　日

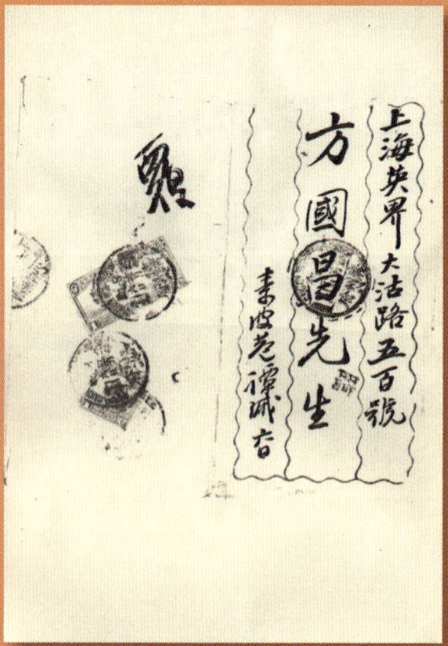
上海英界大沽路五百號
方國昌先生
書收　老譚緘

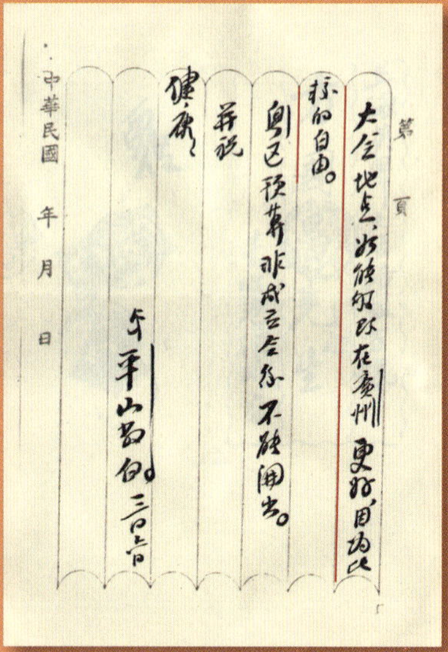
第　頁
大会地点，将假借现在广州，更能因为比较的自由。
粤区预算非成立会后不能开出。
并祝
健康
弟　平山　启　三月十二日
中華民國　年　月　日

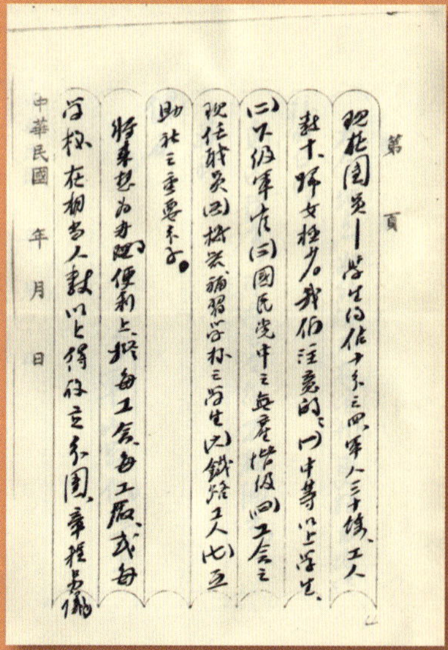
第　頁
现在团员——学生约占十分之四，军人三十余，工人数十，妇女极少。我们注意的：(一)中等以上学生，(二)下级军官，(三)国民党中之无产阶级，(四)工会之现任职员，(五)拟组补习学校之学生，(六)铁路工人，(七)互助社之重要分子。
将来想为办理便利上，拟每工会每工厂、或每学校在相当人数以上得成立分团，章程另备。
中華民國　年　月　日

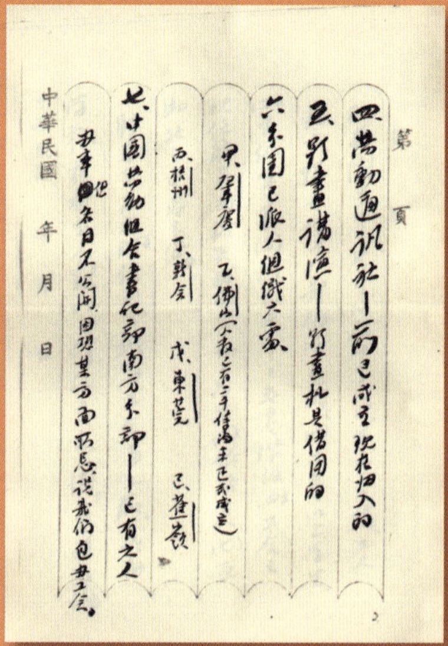
第　頁
四、劳动通讯社——前已成立，现在加入的
五、野画讲演——将画扎是借用的
六、本团已派人组织六处
甲、肇庆　乙、佛山（今有二十余人未正式成立）
丙、梧州　丁、新会　戊、东莞　己、蓬岗
七、中国劳动组合书记部南方分部——已有之人材每日不公开，因恐其方面取息，从我们包办工会。
中華民國　年　月　日

平山致国昌信

国昌先生：

报告及大洋一百元均妥收。粤区在广州市已有四百余人，现拟定于三月十四日开正式成立大会，经费自筹备至成立要需款四百金，因为广东宣传较为自由，我们不得不要极力宣传一下。现在团务很繁，正式职员尚未选出，因为我们已在粤公开，当没有什么限制，故分子选择很难，所以组织执行委员会，因有相当的预备。

现在团内已成立的机关：一、《青年周刊》。二、『青年剧社』——经费独立由社员月捐及特别捐维持。三、讲演队。四、『劳动通讯社』——前已成立现在归入的。五、影画讲演——影画机是借用的。六、分团已派人组织六处：甲、肇庆；乙、佛山（人数已有二千余尚未正式成立）；丙、梧州；丁、新会；戊、东莞；己、蕉岭。七、中国劳动组合书记部南方分部——已有六人办事，但名目不公开，因恐某方面所忌，说我们包办工会。

现在团员——学生约占十分之四，军人三十余，工人数十，妇女极少。我们注意的：（一）中等以上学生；（二）下级军官；（三）国民党中之无产阶级；（四）工会之现任职员；（五）机器补习学校之学生；（六）铁路工人；（七）互助社之重要分子。

将来想为办事便利上，拟每工会、每工厂、或每学校，在相当人数以上得设立分团，章程另议。

大会地点，如能够改在广州更好，因为比较的自由。

粤区预算非成立会后不能开出。

并祝　健康！

弟　平山敬白　三月六日

【历史选择了5月5日】

党、团中央接受了广东社会主义青年团组织的建议，决定将会议延期至5月5日在广州举行。3月26日，保定地方团领导人张仲毅给施存统写信称：“粤会我打算前往。”27日，唐山青年团的一封信也说：“奉悉一切，派代表赴粤出席，本团常会尚未议决……”至4月9日，武汉青年团的一份报告更加明确地说：“五・五广州大会共推李之龙出席。”

历史选择了5月5日。据达林回忆：“1922年5月5日，卡尔・马克思诞辰一百零四周年纪念日那一天，中国社会主义青年团全国代表大会在广州开幕了。”“团代表大会赶在马克思诞辰纪念日召开，即强调了团的发展方向。”

历史永远记住了这一天：1922年5月5日，共青团从广州东园鸣笛启航。

■ 会议当日散发的由中国劳动组合书记部出版的《马克思纪念册》封面

【第一次全国劳动大会】

1922年3月8日，香港海员大罢工取得全面胜利，广州成为当时全国工人运动最活跃的地区之一。因此，中共中央局决定5月1日在广州召开第一次全国劳动大会。根据中共中央的指示，蔡和森在《先驱》第七期上发表《中国劳动运动应取的方针》、《法兰西工人运动的最近趋势》两文。在《中国劳动运动应取的方针》一文中，他指出："资本主义在中国之必然的要倒霉、要短命，就是共产主义在中国必然的要行运、要快来的对照。故中国劳动运动的根本方针惟有'早日在中国实行社会革命以促成世界革命，用国际共产主义的资本开发中国的实业'。"

第一次全国劳动大会主要活动日程表

日　期	地　点	主要活动方式内容
5月1日	第一公园	纪念五一大游行
5月1日	河南机器工会礼堂	举行大会开幕式
5月2日	河南机器工会礼堂	代表发言
5月2日	亚洲饭店	国民党欢迎会
5月3日	河南机器工会礼堂	全体大会
5月3日	东阳	互助总社欢迎会
5月4日	河南机器工会礼堂	全体大会
5月4日	广东总工会	广东总工会欢迎会
5月4日	亚洲饭店	海员工会欢迎会
5月5日	东园	纪念马克思诞辰104周年暨社会主义青年团第一次全国大会开幕
5月5日	河南机器工会礼堂	广东机器工人维持会欢迎会
5月6日	河南机器工会礼堂	大会闭幕式
5月6日	西园车衣女工会	广州省公会欢迎会　车衣女工欢迎会

叁 廿五代表齐聚广州 青春史诗巨舰扬帆

团一大召开前夕，来自团临时中央局及15个地方团组织派出的25名代表陆续来到广州。尽管这些人后来走上了不同的人生道路，有的人还在历史上失去了踪迹，但毕竟是他们宣告我国第一个全国性的青年革命团体成立，在东园点燃一代青年的理想火光。这也是历史的选择。

■ 张太雷

张太雷（1898—1927），原名张曾让，投身革命后又名椿年、春木，后改名太雷，寓意震醒痴顽，打击强暴之意。江苏武进人，团临时中央局代表。自小家境贫寒，8岁丧父，靠母亲帮佣的微薄收入为生。中国共产党最早的党员之一，1920年即参加了李大钊创建的中国共产党北京早期组织，中国共产党早期重要领导人之一，创建中国共产党天津早期组织，中国社会主义青年团主要创始人之一，广州起义的主要领导人。1922年5月5日，中国社会主义青年团第一次全国代表大会在广州召开，张太雷主持会议并致开幕词，并当选为团中央执行委员会委员。1925年1月，在中国社会主义青年团第三次全国代表大会上当选为团中央总书记。张太雷是第一个被派往共产国际工作的中国共产党的使者，也是中国社会主义青年团最早派往青年共产国际的使者之一，同时也是少数见过列宁的中国共产党人之一，被誉为“真正的国际主义者”。1927年领导广州起义，不幸牺牲，年仅29岁。

■ 张太雷纪念馆

史海聆潮

从红都莫斯科到羊城珠江

——张太雷与胡志明的革命情谊

红都相识，为列宁守灵

1923年，张太雷在东方大学结识了越南革命者胡志明。共同的国家民族命运和崇高的共产主义理想使他们一见如故，常讨论东方国家革命问题，建立了深厚的革命情谊。1924年1月21日，世界无产阶级革命导师列宁逝世。张太雷和共产国际及青共国际代表一起，参加了迎灵仪式，为列宁守灵，后与胡志明一起在红场参加了列宁的葬礼。随后，这两位革命家一同参加了在莫斯科召开的共产国际第五次代表大会和青共国际第四次代表大会。此后，他们肩负着会议赋予的使命告别了赤都。张太雷于8月回国参加团中央的领导工作。胡志明稍后受共产国际之命也来到中国，于12月抵达广州，化名李瑞，与越南革命者联系，筹备建立越南无产阶级的政党。

为同一个理想，并肩战斗在广州这片热土

鲍罗廷在广州有一座两层花园洋房，鲍罗廷夫妇住在楼上，张太雷作为助手和翻译，住在楼下沿走廊的一排房子，与胡志明仅一墙之隔。张太雷对邻国的这位战友关怀备至。两人共同商讨问题，交流工作情况。胡志明视中国革命为己任，热情地参加群众大会，积极投身宣传工作。胡志明的中国话讲得很好，他的演讲深受群众的欢迎。胡志明在广州组织越南青年革命同志会，举办越南青年政治训练班，培养革命干部，宣传马克思主义。张太雷、周恩来、邓颖超等人给予其积极支持。

■ 张太雷（中）和越南共产党创始人胡志明（左）、日本共产党创始人片山潜在莫斯科的合影。

珠江河畔，胡志明一生中唯一的婚恋

胡志明在广州期间有一段美好的跨国婚恋，这也是他一生中唯一的一次婚恋。在广州，胡志明被气质高雅、漂亮而充满青春活力的曾雪明吸引。曾雪明参加了广州妇女运动讲习所，学习期间加入中国共产主义青年团。张太雷十分关心与支持这对异国情侣。1926年两人在广州正式举行婚礼，鲍罗廷夫人、邓颖超、蔡畅等人参加婚礼。婚后两人的生活幸福而甜蜜。1927年蒋介石发动反革命政变，胡志明离开广州。从此两人再未相聚，然而一位守身如玉、从一而终，一位独守终生、未再婚娶。

战斗不息，留下后世敬仰的革命友谊

张太雷与胡志明，这两位早期无产阶级革命家，从莫斯科相识，共同活动在国际共产主义运动舞台，到共同战斗在羊城，历时三载结下了难忘的同志和兄弟般的革命情谊，为中越两党、两国人民的友谊留下了光辉的一页。

■ 广州起义纪念碑

史海聆潮

一次信仰的回望

——中越两国总理在广州文明路13号

1924年底，胡志明从莫斯科来到广州，公开身份是苏联顾问鲍罗廷的翻译。胡志明寻求中国共产党的帮助，为建立越南共产党做思想上和组织上的准备。1925年6月，他以“心心社”为基础，创建了越南青年革命同志会（越南共产党的前身），并开办越南青年政治训练班。该班除胡志明亲自授课外，还邀请了周恩来、刘少奇、陈延年等讲课。训练班培训了范文同、黄文欢等几十名干部。学员毕业后，大部分回越南进行革命工作，小部分留在中国，后来有的还参加了广州起义和苏区的斗争。

1971年11月，越南党政代表团访问中国前，希望安排到越南青训班旧址瞻仰。为迎接越南党政代表团到访，旧址内的居民一天内全部迁居，并进行了粉刷清洗，布置桌椅，悬挂胡志明像。26日下午3时许，周恩来总理陪同越南范文同总理率领的越南党政代表团参观了旧址。周总理与范总理边视察边交谈，最后范总理指着三楼后面的房间激动地说：“当时我睡在这里，这里是办青训班的地方。”

越南青年政治训练班旧址，位于广州市文明路13号和13号之一（今248号、250号）。

施存统（1899—1970），原名施复亮、伏量，别号伏图，化名方国昌。浙江金华人，团临时中央局代表。1920年参与成立上海马克思主义研究会，加入上海共产党早期组织，成为中国共产党最早的党员之一。1922年当选为中国社会主义青年团中央第一任书记。后相继在上海大学、中山大学、黄埔军校、广州农民运动讲习所任教。1927年任武昌中央军事政治学校教官、政治部主任。大革命失败后脱离中国共产党，但仍然主要从事马克思主义和革命理论的著译工作。抗战期间，为文化界救国会领导人之一，并与黄炎培、章乃器等组织民主建国会。1949年出席中国人民政治协商会议第一届全体会议，被选为第一届全国政协常委。后任劳动部副部长。曾当选为民建中央常委和副主席。是第二和第三届全国人大常委。1970年11月29日在北京病逝。其子为著名作曲家施光南。

■ 施存统

■ 施存统在浙江金华的故居

史海聆潮

“一师风潮”

1917年，施存统就读于浙江省立第一师范学校。其间，他的母亲因过度操劳又缺乏营养，导致双目失明，兼患其他疾病，又因生活贫困得不到医治，同时还饱受丈夫的打骂和虐待，终于过早地离开人世，年仅45岁。母亲的早逝对施存统的刺激很大，他不断地苦苦思索：中国历来主张“孝道”，“百善孝为先”，我爱母亲，可是父亲虐待母亲；我要对母亲尽孝，就要反对父亲；可是，对父亲同样要尽孝，我又不能反对他。恰在这个时候，《浙江新潮》向他约稿，施存统就写了《非孝》一文。他认为一味尽孝是不合理的，要以父母、子女间平等的爱代替不平等的“孝”。此文一出，舆论哗然，认为是洪水猛兽，是孔夫子的叛徒。由于文章通篇洋溢着对封建旧传统的反叛精神，施存统被迫离开学校，这就是当时引起轰动的“一师风潮”。

■ 蔡和森

■ 蔡和森故居

蔡和森（1895—1931），原复姓蔡林，名和仙，字润寰，号泽膺，学名蔡林彬，笔名和森、振宇等。湖南湘乡人，上海社会主义青年团代表。1913年入湖南省立第一师范学校学习，与毛泽东结为挚友。1918年4月参与组织新民学会。1919年12月偕母亲葛健豪、妹妹蔡畅赴法国勤工俭学，其间“猛读猛译”马克思主义著作，成为坚定的马克思主义者，1921年加入中国共产党。长期主办中共机关刊物《向导》。1922年5月在中国社会主义青年团第一次全国代表大会上当选为团中央执行委员。此后还担任过中共第二、三、四、五、六届中央委员，第五、六届中央政治局委员、常委等要职。大革命失败后支持毛泽东的意见，主张独立展开武装斗争。1931年任中共两广省委书记。1931年6月10日，出席香港海委会议，因叛徒出卖而被捕，随即被港英当局引渡给广东军阀。8月4日，在广州英勇就义。

史海聆潮

蔡和森赴法救国　“怪杰”苦读进步书刊

蔡和森是最早主张建立“中国共产党”的人之一，这主要归功于他当年赴法勤工俭学的经历。

1919年12月，蔡和森和妹妹蔡畅等30多名热血青年，告别风雨飘摇的祖国，向海外寻找救国救民之路。

蔡和森绝对是个“怪杰”，一到法国，就不想进工厂也不肯随班学法文，除开会外整日找僻静处看书。尽管最初他的法文基础很差，但靠着一本《法文字典》，蔡和森先后翻译了马列主义和传播十月革命的重要小册子百余种。他还把自己购买和搜集到的进步书刊与友人循环邮寄，共享资源。蔡和森迅速成长成为一个坚定的马克思主义者。

邓中夏（1894—1933），原名邓隆渤，又名邓康、仲澥等。湖南宜章人，北京社会主义青年团代表。1917年考入北京大学中文系，1919年3月发起组织北京大学平民教育讲演团，五四运动主要领导人之一。1920年10月参与组织北京的共产党早期组织，11月参与组织成立北京社会主义青年团。1921年8月中国劳动组合书记部成立后，任北方分部主任。1922年5月1日出席在广州召开的第一次全国劳动大会，会后当选为中国劳动组合书记部主任。1925年参与筹备并组织全国第二次劳动大会，成立中华全国总工会，任秘书长兼宣传部长，为响应和声援五卅运动，组织和领导了著名的省港大罢工。大革命失败后，参加党的八七会议，被选为中央临时政治局候补委员。1933年5月被捕，9月29日于南京雨花台英勇就义。

■ 邓中夏

■ 邓中夏故居

史海聆潮

邓中夏和平民教育讲演团

“平民教育讲演团是北大学生的一个组织……讲演团的宗旨是‘增进平民知识，唤起平民自觉心’。”讲演团常到街头演讲，出发时两三个人或三五个人一组，事前拟定好题目，选定地点，打着讲演团的白布小旗，到达一个人多适当的地方，主持人站到高一点的场所，另一个人打起锣来，这就讲起来了。平民教育讲演团对五四运动发挥了很大的群众宣传作用。

■ 俞秀松

俞秀松（1899—1939），原名寿松，字柏青。浙江诸暨人，杭州社会主义青年团代表。1916年，考入浙江省立第一师范学校。1919年杭州五四运动领导人之一，创办进步刊物《浙江新潮》，宣传社会主义思想。同年至北京参加工读互助团第一期。1920年6月参与发起创建上海共产党早期组织，8月创建上海社会主义青年团并任书记。1922年3月创建杭州社会主义青年团，同年5月代表杭州青年团参加团一大，被选为团中央执行委员会委员。1925年10月至1935年6月赴苏联留学。后受联共（布）派遣，对新疆督办盛世才开展统战工作。1939年2月21日，在苏联的“肃反运动”中被错杀，年仅40岁。

秘档珍闻

俞秀松设法营救红军西路军火种入疆

为创立河西根据地，打通直接连接新疆和苏联的通道，1936年11月，中国工农红军西路军约2.18万人，进入河西走廊。西路军将士在敌众我寡、物资补充缺乏的情况下，浴血奋战，歼敌2.5万余人，付出了巨大代价，剩余部队分成3个支队转入祁连山区打游击战。

英雄赤胆忠肝，血染黄沙万里长。1937年4月，李先念率领的左支队奋力厮杀，冲出河西走廊，到达甘肃、新疆交界的星星峡。星星峡是一个寸草不生的荒凉峡谷，周边是上百公里的山丘戈壁。筋疲力尽的400余名西路军指战员，无粮无水，还面临着敌军突袭的危险。

此时，在新疆做盛世才统战工作的俞秀松说服盛世才，派飞机、汽车多次送物资接济西路军，并在苏联红军的帮助下，歼灭企图消灭西路军的哈密叛军姚乐部队，保障西路军安全进入新疆。5月，陈云、滕代远等人带着盛世才派的汽车和军服等物资，迎接西路军400余人到达迪化（今乌鲁木齐）。俞秀松协助陈云妥善安置西路军，取消左支队番号，成立总支队，对外称“新兵营”。这些战士后来分批返回延安，他们的衣物、鞋袜等，被苏联收集，后来在莫斯科国际博物馆展出，向全世界展示中国工农红军艰苦卓绝、英勇战斗的光辉史迹。

■ 哈密红军西路军进疆纪念碑

红色情缘

斯大林促成的一段传奇婚姻

——俞秀松与安志洁的凄美爱恋

志同道合，才俊佳人结缘大漠边疆

■ 俞秀松与安志洁结婚照

1935年6月，受联共（布）中央派遣，俞秀松化名王寿成，来到新疆做新疆边防督办盛世才的统战工作。不久，俞秀松受聘担任了盛世同的家庭教师，两人逐渐熟悉、相互了解。俞秀松英俊潇洒、才华横溢，而且志向高远、沉着稳重、充满激情。盛世同对其十分敬慕，二人很快成为无话不谈的朋友。俞秀松也不知不觉地喜欢上了活泼可爱的盛世同，并大胆地向她表白心迹：“我是共产党员，马列主义的信徒。我要找的是志同道合、思想进步的伴侣，并不是因为你是督办的妹妹。我一定要为你自立创造条件。”

革命情深，斯大林亲自促成婚姻

盛世才知道俞秀松和盛世同都有共结良缘的想法，直接向苏联驻新疆总领事阿布列索夫表示了促成二人婚事的愿望。因为俞秀松是联共（布）党员干部，他的婚姻需要经过组织批准。阿布列索夫立刻向斯大林汇报了此事，很快得到了批准。1937年7月28日，俞秀松和盛世同在迪化（今乌鲁木齐）举行了婚礼。斯大林让苏联驻新疆总领事转送上一箱衣服表示祝福。俞秀松用俄语向他们介绍了恋爱的经过。苏联还将他们的婚礼、新疆的建设和风俗习惯拍摄成纪录片，在新疆各地和莫斯科放映。婚后，俞秀松与盛世同的生活虽然清苦，却非常甜蜜和幸福。在他们结婚一周年纪念日时，斯大林又送了一架照相机给他们作纪念（1982年捐献给中国革命博物馆）。

挚爱蒙冤，谢绝宋美龄做媒投身民族大义

幸福的日子并未持续多久，婚后一年多，盛世才突然以参与“阴谋暴动案”的罪名逮捕了俞秀松。在斯大林“我送出去的，必须给我原样送回来”的要求下，苏联派一架军用飞机把俞秀松押回苏联。在去机场的路上，俞秀松紧紧地抱住新婚才年余的妻子，含泪哽咽：“同妹！要坚强，多保重，但愿我们能重逢。”谁知机场一别，竟成永诀！1939年2月21日，俞秀松在苏联“肃反运动”中被错杀。机场痛别后，盛世同一直不能摆脱伤痛的阴影。她断绝与盛世才的兄妹关系，从此改随母姓，改名为安志洁，以示意志坚定纯洁。安志洁埋下心头的痛苦，投身到风起云涌的抗日救亡运动中，还谢绝宋美龄为其做媒，表示自己是有夫之妇，要等丈夫俞秀松回来。

真相告白，痴心守望一任泪水奔流

1949年上海解放后，安志洁从驻苏联大使王稼祥那里得知，自己苦苦等待十多年的秀松已在异国牺牲了，她悲痛欲绝。1962年5月15日，上海市民政局向俞秀松家属颁发了由毛泽东主席签发的“革命牺牲工作人员家属光荣纪念证”。1996年，俄罗斯联邦军事检察院为俞秀松彻底平反。

近60年的冤情终于告白！一纸告慰，载不动60年伤痛，安志洁心中掀起感情狂澜，一任泪水奔流。

■ 谭平山

■ 谭平山之墓

谭平山（1886—1956），字成斋，号鸣谦，又名谭聘三、谭诚齐。广东高明人，广东社会主义青年团代表。早年加入中国同盟会，后入北京大学学习，参与领导五四运动。1920年8月主持创建广州社会主义青年团，1921年春参与创建广州共产党早期组织，中共一大后任中共广东支部书记、广东社会主义青年团执委会书记等职务。1924年1月，在中国国民党第一次全国代表大会上当选为中国国民党中央执行委员会委员和组织部部长。1927年8月，参与领导南昌起义。抗战爆发后积极参与抗日救亡运动。1948年8月参与组织成立中国国民党革命委员会，任中央常委。新中国成立后，历任中央人民政府委员、政务院政务委员、政务院人民监察委员会（监察部前身）主任等职。1954年当选为第一届全国人大常委、第二届全国政协委员。1956年4月2日在北京逝世。

史海聆潮

谭平山宣传新思想　蔡元培评语赞赏

1917年，谭平山考入北京大学哲学系。在北大，他广泛接触新思想和新知识，积极参加各种学术组织。十月革命之后，他开始接受社会主义思想，翻译外国进步书籍，撰写专论和时评，宣传马克思主义，探讨改造中国社会的途径。在《新青年》杂志的影响和陈独秀的支持下，1918年，他和傅斯年、罗家伦、顾颉刚等发起成立新潮社，主编《新潮》杂志，抨击旧制度，宣传新思想。蔡元培在看过谭平山为《新潮》创刊号写的名为《哲学对于科学宗教之关系论》的论文后，评论道：“右论甚有见地。”以后，谭平山在《新潮》杂志上陆续发表了多篇文章，产生了一定影响。

谭植棠（1893—1952），曾用名谭昌泰。广东高明人，广东（州）社会主义青年团代表。中国共产党广东党组织、广东社会主义青年团的主要创建者和领导者之一。1921年3月，广州共产党小组成立，谭植棠负责宣传工作，兼任党组织机关报《广东群报》的经理。并担任宣传员讲习所教导主任和"注音字母教导团"教员。第一次国共合作期间，曾担任第四届农民运动讲习所所长。1925年6月，省港大罢工爆发后，谭植棠发起成立了广东各界对外协会，号召各界群众支援省港大罢工。1952年6月，在广州去世。

谭植棠

珠江滔滔，东去大海，浪淘尽多少风流人物。

三谭纪念雕塑

史海聆潮

广东"革命三谭"

谭平山、谭植棠和谭天度都是广东高明人，还有家族的亲戚关系，被后世称为"革命三谭"。三人少年时代曾在一起探讨康有为的《大同书》、西方赫胥黎的《天演论》，接受"物竞天择，适者生存"的进化论，渴望和追求孙中山的"天下为公"的大同世界。1917年，谭植棠和谭平山同时考入北大，住同一个宿舍。谭植棠在北大时经常给谭天度寄进步书刊。1919年，五四运动时，谭植棠与谭平山一起游行到天安门前。五四运动后，谭平山、谭植棠等人来到上海，并于1920年3月创办了《政衡》杂志。谭植棠是杂志的主要撰稿人。《政衡》杂志第一卷第二号共十篇文章，其中《平民主义最后的胜利》等八篇文章都是谭植棠写的，他主张中国人民应与俄国人民建立友好关系，认定中国必须走俄国革命的道路。

■ 梁复燃（1891—1975），广东佛山人，佛山社会主义青年团代表，1924年参加广州农民运动讲习所第一届集训，是南海农民运动的开创者之一。

■ 梁桂华（1893—1927），广东云浮人，佛山社会主义青年团代表，广东早期中共党员，在广州起义中任工人赤卫队副总指挥，壮烈牺牲。

■ 谢英伯（1882—1939），广东嘉应（今梅州）人，广东（州）社会主义青年团代表。辛亥革命时期著名报人。1928年秋，在广州创办中国新闻学专科学校，后改名为广州新闻学院。

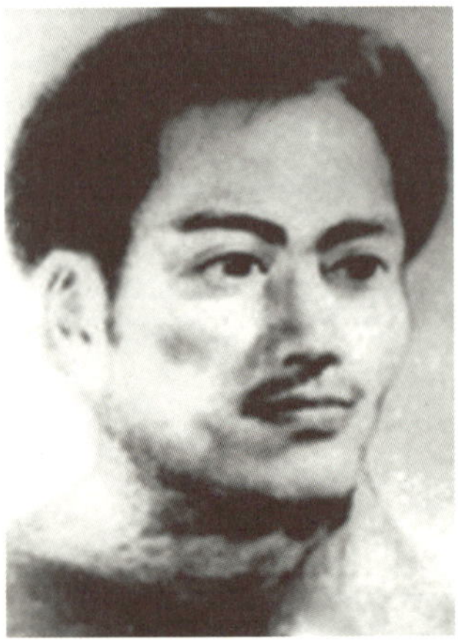

■ 许白昊（1899—1928），湖北应城人，上海社会主义青年团代表。参加并领导了震惊中外的“二七”大罢工和汉口工人收回英租界的伟大斗争，为中国工人运动的发展做出了贡献。

■ 金家凤（1903—1979），江苏吴县人，北京社会主义青年团代表。五四运动爆发后，在上海积极参加五四爱国运动。上海社会主义青年团八个发起者之一。

■ 吕一鸣（生卒年、籍贯不详），天津社会主义青年团代表。

■ 易礼容（1898—1997），湖南湘潭人，长沙社会主义青年团代表。湖南省学生联合会领袖之一，曾投身反对湖南军阀张敬尧的运动。曾加入新民学会，是湖南最早的共产党员之一。

■ 王仲强（1905—1925），河北高阳人，保定社会主义青年团代表。1920年10月，建立保定社会主义青年团。后经邓中夏介绍，加入中国共产党。团一大后当选为保定社会主义青年团书记。

■ 王振翼（1901—1931），山西天镇人，太原社会主义青年团代表。1923年出席在广州召开的中国共产党第三次全国代表大会，后成立中国社会主义青年团青岛支部。1927年参加南昌起义。1928年出席中国共产党第六次全国代表大会，被选为候补中央委员。

■ 李树彝（1899—1932），湖南酃县人，唐山社会主义青年团代表。1921年加入北京社会主义青年团。积极领导唐山工人运动，发展唐山团组织。后为井冈山革命根据地的发展做出了不可湮没的贡献。

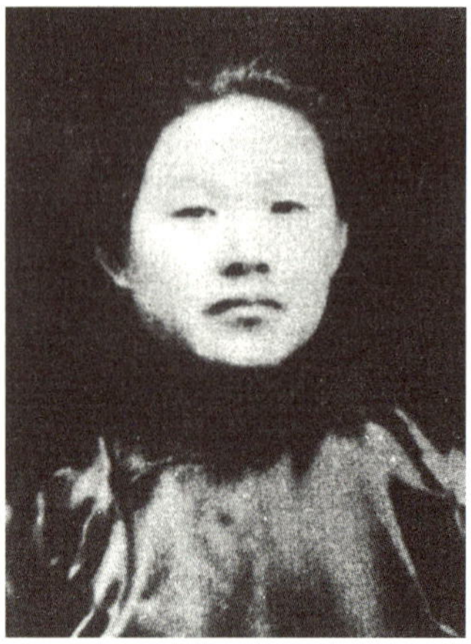

■ 李峙山（即李毅韬，女，1896—1939），直隶（今河北省）盐山人，天津社会主义青年团代表。五四运动爆发后，发起成立天津女界爱国同志会，被选为副会长，不久参与成立天津青年革命团体觉悟社。1939年7月，病逝于广东曲江。

■ 陈公博（1890—1946），广东南海人，广东（州）社会主义青年团代表。1939年随汪精卫叛国投敌，1946年被处死刑。

■ 张仲毅（1899—1927），河北邢台人，保定社会主义青年团代表。1921年担任青年团保定地方执行委员会执行（后改任书记）。1924年在邢台发展社会主义青年团，并建立了邢台第一个团支部。

■ 陈子博（1892—1924），湖南湘乡人，长沙社会主义青年团代表。1919年加入新民学会，并成为骨干分子。1920年10月，加入长沙社会主义青年团，成为湖南最早的团员之一。

■ 张绍康（1897—？），江苏芜湖人，武昌社会主义青年团代表。

■ 张继武（生卒年、籍贯不详），团临时中央局代表。

■ 莫耀明（生卒年、籍贯不详），南京社会主义青年团代表。

■ 叶纫芳（生卒年不详），浙江人，潮州社会主义青年团代表。

第三章

东园起春潮 豪情逸四海

“春动雨添花，花动一山春色。”中国共产党为团一大带来一阵阵春风：中共中央局书记陈独秀和张国焘、张太雷等在广州召开干部会议，讨论团一大的指导方针；陈独秀还起草了团一大的文件《中国青年工人和农人生活状况及改良之奋斗》，并在团一大开幕式上作了《马克斯的两大精神》的演讲。

邓中夏披着长辛店工厂的霜月来了；蔡和森顶着上海滩凛冽的江风来了……来自大江南北的团代表，聚集在党的旗帜下，3次召开预备会议，讨论团一大的议程，起草中国社会主义青年团的纲领、章程。

珠江如碧，万木争荣。1922年5月5日至10日，中国社会主义青年团第一次全国代表大会在广州东园召开。在东园，青年运动领袖们挥斥方遒，指点江山，建立中国第一个全国性青年组织，点燃一代青年的理想之火，永远跟随中国共产党，在创造新中国的征程上昂首阔步。

宛若一道春雷，划破长空，团一大宣告中国社会主义青年团正式成立，使中国青年运动迈进了一个崭新的阶段。

宛若一片春潮，涌起神州，团一大使中国青年团组织实现了思想上、组织上的统一，成为中国青年运动发展史上的一个里程碑。

留下一代青年的满腔热血与理想，铭记一段风雷激荡的青春岁月……东园由此载入了共青团皇皇史册。

壹　聚群力筹备团一大 明方向坚持党领导

“五音不同声而能调。”从1922年3月直至团一大召开前夕，为了保证会议的顺利召开，中国共产党指导了团一大与劳一大的二重奏。

【团纲、团章起草小组】

1922年4月，党的中央局同意上海S.Y.组织（当时团的临时中央局）在广州召开团的全国代表大会，由张太雷、蔡和森及达林等进行起草团纲、团章的工作。据达林回忆：“由达林、张太雷、瞿秋白（应为蔡和森——编者注，下同）三人组成的委员会拟定社会主义青年团的纲领和章程草案。其中达林代表青年共产国际，张太雷代表筹备代表大会的组织处，而瞿秋白（应为蔡和森）则代表共产党。”

■ 达林

■ 张太雷

■ 蔡和森

■ 达林撰写的《中国回忆录》中揭示了团一大会议时间的选择："中国共产党的方针是变社会主义青年团为共产主义的青年组织，团代表大会赶在马克思诞辰纪念日召开，即强调了团的发展方向"。

秘档珍闻

团组织第一份团纲和团章的诞生

随着团一大召开日期的临近，三人小组按照既定路线，取道厦门，到达汕头，继续工作。在毗邻日本和法国的领事馆的一家旅馆里，他们起草了中国社会主义青年团的团纲、团章等各种决议草案。这是中国共产党领导下的团组织的第一份团纲和团章。达林回忆时兴奋地说："在这些文件中我们宣告了外国帝国主义在中国的死刑。虽然在工作过程中忍受着蚊虫的叮咬：令人讨厌的中国白蛉子看来是站在外国帝国主义一边，在我们讨论、协商时他们肆无忌惮地叮咬我们。结果我们的脸、手和脚都起了大包。但工作进展很快，大家协调配合，一鼓作气准备好了全部文件。大家高兴得唱起了国际歌。"达林唱的是俄文，瞿秋白（应为蔡和森）唱的是中文，张太雷唱的是英文。不同的语言在这个小房间里汇成一曲激情的交响乐。

4月26日三人小组到达广州。4月27日至30日，根据达林的建议，召开了党的领导干部会议，"开会的目的，乃是讨论党在劳动大会和社会主义青年团代表大会上应遵循的路线问题"。中央局领导陈独秀、张国焘与张太雷、蔡和森、谭平山、林伯渠等20多人出席。在中共主要领导人以及青年共产国际的关心和指导下，会议着重研究了团一大的指导方针和明确会议召开的重要意义。中国共产党的正确指导，是团一大顺利召开的有力保证。

【团一大前的三次预备会议】

1922年5月初，在团一大召开前，为确保会议的顺利召开，会议组织者先召开了预备会议，成立总务委员会等三个委员会，具体负责会议期间的全部工作。团一大代表召开的三次预备会议，从程序到内容，无不洋溢着青运领袖们的才华音符。

从组织上到思想上充分而细致的准备工作，为团一大的圆满成功奠定了基础。

团一大三次预备会议情况简表

日　期	会议内容	备　注
5月1日下午	下午四时半至七时半，第一次预备会议： 1.推选施存统（方国昌）为大会总务委员会委员。 2.推选易礼容、吕一鸣、张绍康、邓中夏（邓仲澥）为大会审查委员会委员。施存统（方国昌）、张继武以（团）中央部委员资格加入审查委员会。 3.推举易礼容为会计。	张太雷（张椿年） 施存统（方国昌） 邓中夏（邓仲澥） 等15人参加
5月2日上午	上午总务委员会第一次会议： 1.决定成立三个股，第一股：蔡和森，党纲起草员，张太雷（张椿年），章程起草员，邓中夏（邓仲澥），提案征集员；第二股：施存统（方国昌），文牍员，俞秀松，记录员，陈公博，新闻员；第三股：张继武，杂务员。 2.决定俞秀松为总务委员会主任。 3.大会总务委员会办事处设在广州东南旅店览胜所。	
5月3日下午	下午一时，总务委员会召开第二次会议： 1.讨论由达林起草的社会主义青年团团纲，推举蔡和森修正。 2.讨论通过由张椿年起草的社会主义青年团章程，由组织委员会付油印。 3.商定由达林起草的大会九项议程，具体如下： ①国际帝国主义与中国及社会主义青年团之问题 ②中国社会主义青年团之纲领和章程 ③中国青年工人和农人生活状况及改良之奋斗 ④政治宣传问题 ⑤教育改良问题 ⑥中国社会主义青年团与各团体之关系 ⑦临时中央执行委员会报告 ⑧各地代表报告 ⑨选举中央执行委员会。 4.决定：第一个问题，达林第一天演说；第三个问题：由陈独秀（陈仲甫）起草；第四个问题，由（没有具体名字）起草；第五个问题，由陈公博起草；第六个问题，由张太雷（张椿年）起草；第七个问题，由施存统（方国昌）报告；第八个问题，通知各代表预备。 5.出席今天会议人员：张太雷（张椿年）、张继武、施存统（方国昌）、蔡和森、陈公博、俞秀松、陈独秀、达林。	原始文件中没有对第二个问题决定的记录

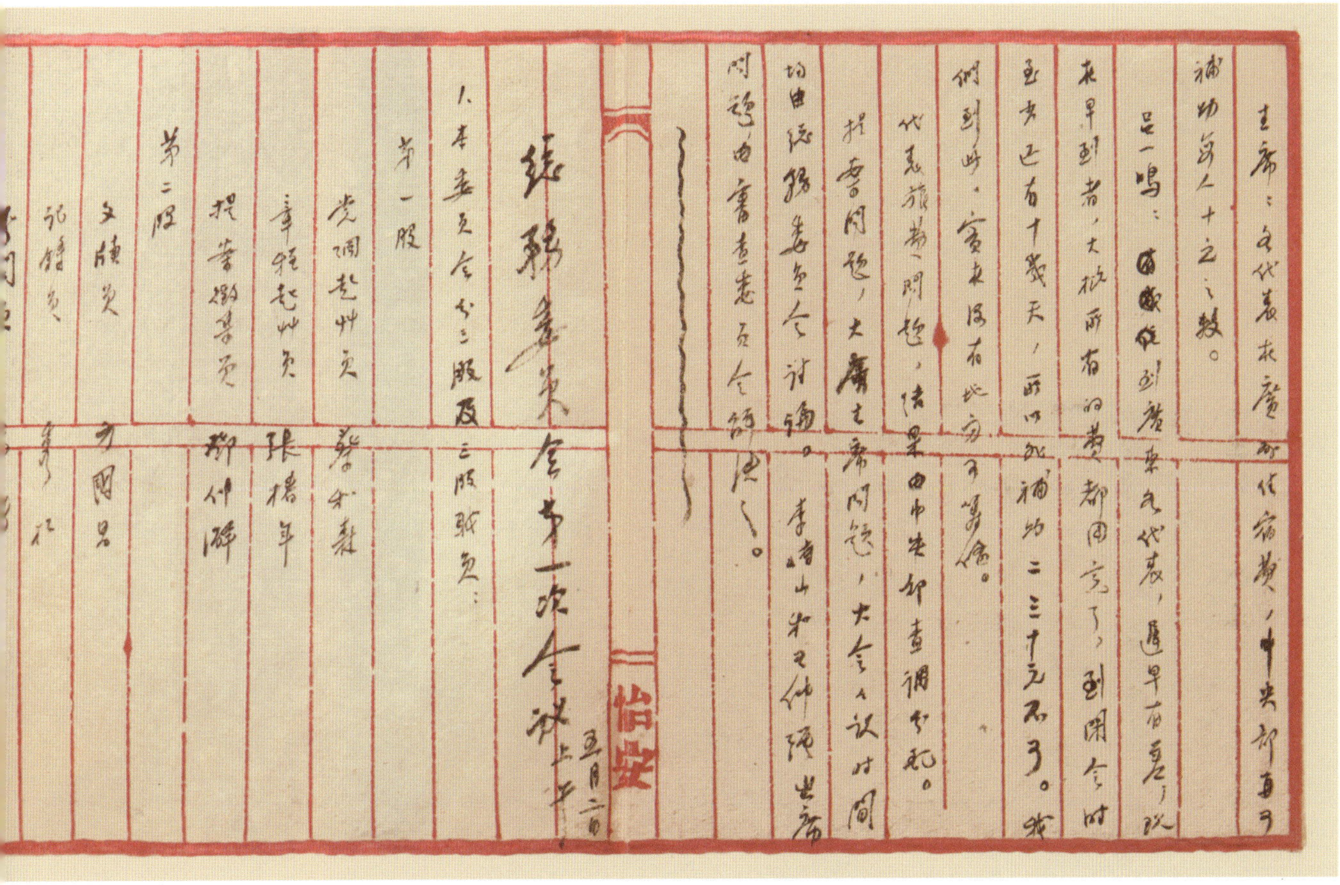

总务委员会第一次会议

五月二日上午

1．本委员会分三股及三股职员：

第一股

党纲起草员 蔡和森

章程起草员 张椿年

提案征集员 邓仲澥

第二股

文牍员 方国昌

记录员 秀松

新闻员 陈公博

第三股

杂务员 张继武

2．本委员会主任 秀松

3．本委员会办事处 东南旅店览胜厅

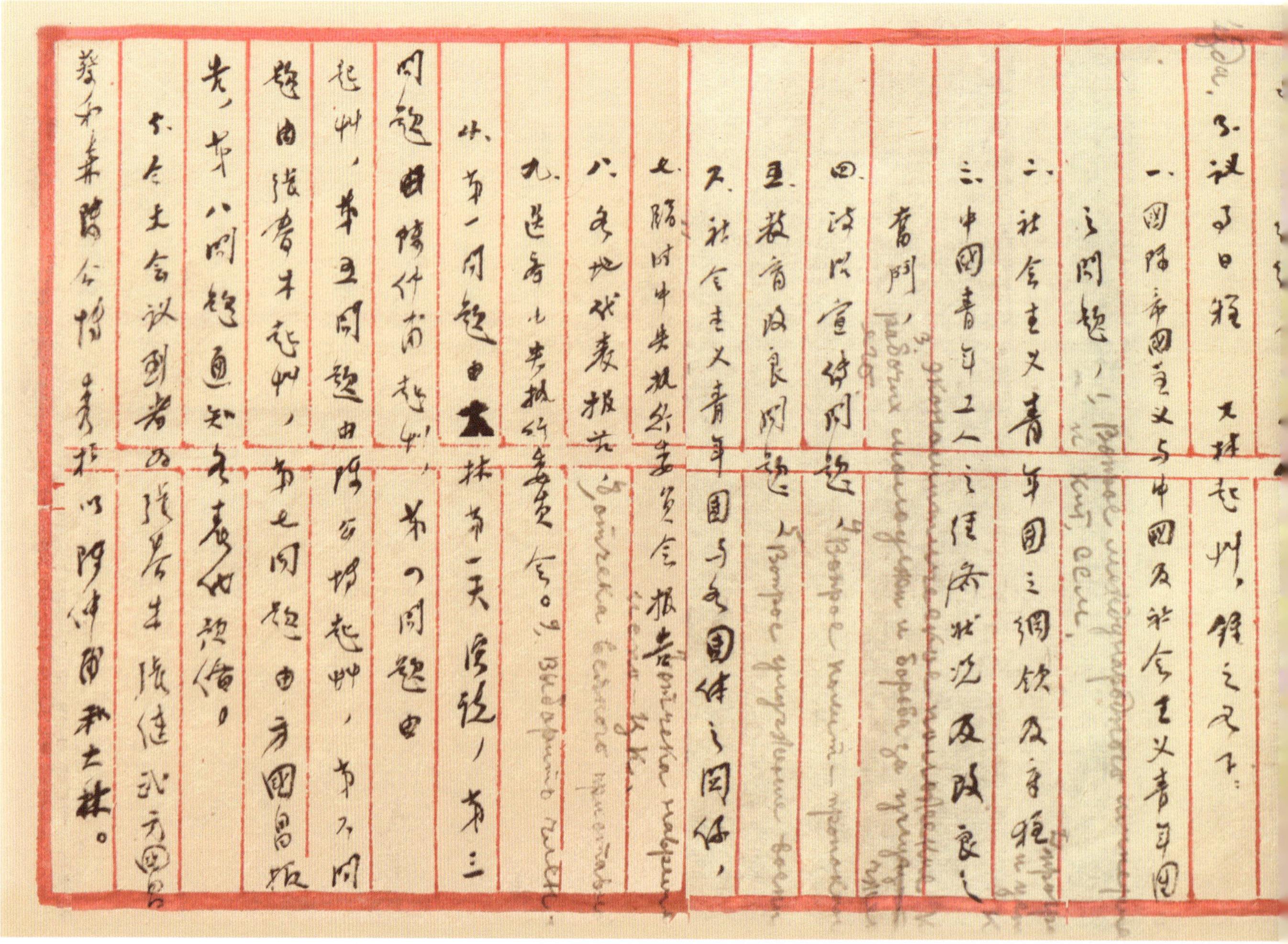

乙、议事日程　大林起草，录之如下：
一、国际帝国主义与中国及社会主义青年团之问题；
二、社会主义青年团之纲领及章程；
三、中国青年工人之经济状况及改良之问题；
四、该团宣传问题；
五、教育改良问题；
六、社会主义青年团与各团体之関係；
七、临时中央执行委员会报告；
八、各地代表报告；
九、选举正式执行委员会。
此外，第一问题由大林第一天宣读，第三问题由陈仲甫起草，第四问题由
起草，第五问题由陈公博起草，第六问题由张春木起草，第七问题由方国昌担任，第八问题通知各处预备。
本次大会会议到者为张春木、张继武、方国昌、蔡和森、陈公博，以陈仲甫和大林。

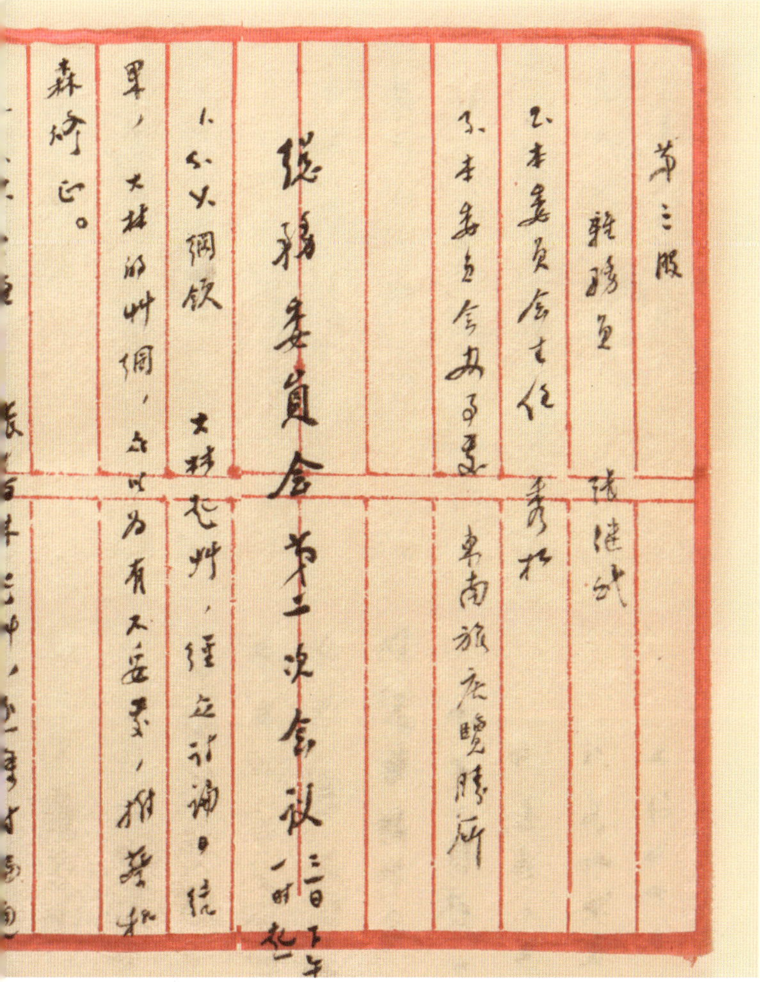
第三股
總務員　張繼武
總務委員會第二次會議　三日下午一時起
1. S.Y.綱領　大林起草，經眾討論，結
果，大林的草綱，眾以為有不妥處，推蔡和
森修正。

总务委员会第二次会议

三日下午一时起

1．S.Y.纲领大林[1]起草，经众讨论。结果，大林的草纲，众以为有不妥处，推蔡和森修正。

2．S.Y.章程张春木[2]起草，逐条讨论通过。由组织委员会付油印。

3．议事日程大林起草，录之如下：

一、国际帝国主义与中国及社会主义青年团之问题，

二、社会主义青年团之纲领及章程，

三、中国青年工人之经济状况及改良之奋斗，

四、政治宣传问题，

五、教育改良问题，

六、社会主义青年团与各团体之关系，

七、临时中央执行委员会报告，

八、各地代表报告，

九、选举中央执行委员会。

4．第一问题由大林第一天演说，第三问题由陈仲甫[3]起草，第四问题由○○○[4]起草，第五问题由陈公博起草，第六问题由张春木起草，第七问题由方国昌报告，第八问题通知各表代（代表）预备。

5．今天会议到者为张春木、张继武、方国昌、蔡和森、陈公博、秀松以［及］陈仲甫和大林。

①大林，即青年共产国际代表达林（C. A. Далин），1921 年担任共产国际驻远东代表、青年共产国际远东书记处成员。1922 年1月，参加远东人民代表大会的中国代表向共产国际执委会提出，请派代表参加中国社会主义青年团成立大会。达林即奉派于2 月初来华。

②张春木即张太雷，下同。

③陈独秀字仲甫，又称重辅。

④标注“○”处，原文为空白。

贰 青年领袖东园初会 革命精神引领时代

【团一大开幕式】

“草树知春不久归，百般红紫斗芳菲。”5月5日的广州东园，充溢着前所未有的勃勃生机。那栋红白相间的两层洋楼（红楼），打破了往昔的宁静，四周响起腾腾的脚步声；从那两座四角凉亭中拂过的江风，将雄壮的音乐传向远方——团一大就在红楼、凉亭旁的露天广场开幕。

团一大开幕式是与马克思诞辰104周年纪念大会和欢迎全国劳动代表大会一并举行的。出席开幕式的，还有出席全国劳动大会的代表和各界来宾，一共有1500多人。

开幕式的主席台，设在一座用茅竹搭起来的棚子里。主席台正中挂着一幅马克思画像，画像下面是个讲台。讲台的旁边，坐着来自团临时中央局和上海、南京、北京、天津、保定、唐山、太原、武昌、长沙、杭州、广州、潮州、佛山等15个地方团组织的25名团代表：施存统、张太雷、张继武、蔡和森、许白昊、莫耀明、金家凤、邓中夏、吕一鸣、李峙山、张仲毅、王仲强、李树彝、王振翼、张绍康、易礼容、陈子博、俞秀松、谭平山、陈公博、谭植棠、谢英伯、叶纫芳、梁复燃、梁桂华。

这座简陋的竹棚本是讲“古仔”（故事）之所，讲过岳家军“八千里路云和月”的壮怀激烈，而今洋溢着中国共产党领导的革命青年“气吞万里如虎”的英雄气概。

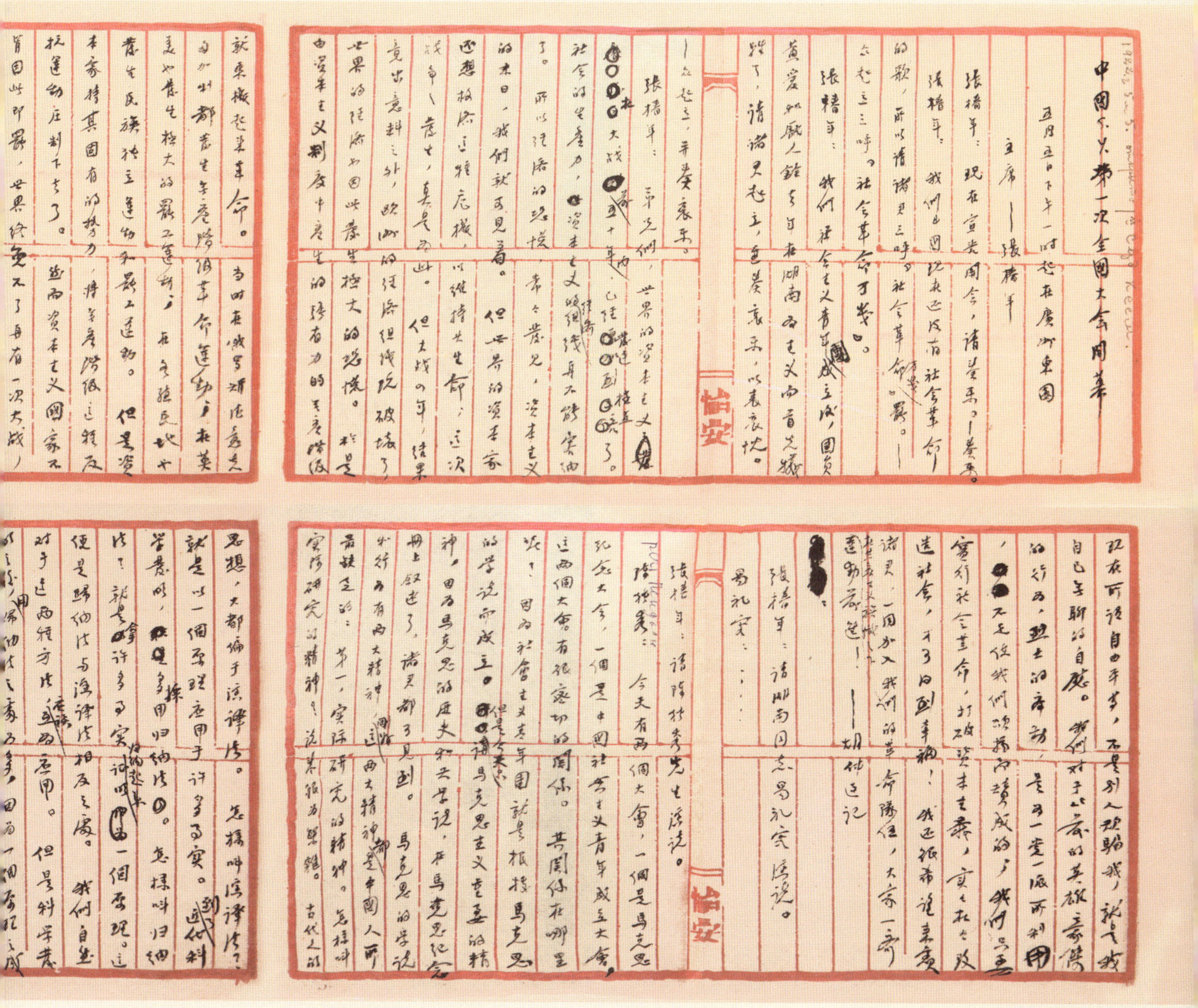

中国社会主义青年团第一次全国大会开幕

五月五日下午一时起在广州东园

主席——张椿年

张椿年：现在宣告开会，请诸君起立——奏乐。

张椿年：我们的团就是要达到社会革命，所以请诸君三呼“社会革命万岁”。——

众起立三呼“社会革命万岁”。

张椿年：我们社会主义青年团成立后，团员黄爱、庞人铨为在湖南为主义而牺牲了，请诸君起立，奏哀乐，以表哀忱。

——众起立，奏哀乐。

张椿年：第一个，世界的资本主义[illegible]大战[illegible]五十年内[illegible]已经[illegible]到极点了。社会的生产力，资本主义的组织[illegible]不能容纳了。所以经济的恐慌，常常发见，资本主义的末日，我们就可见着。但世界的资本家还想救济这种危机，以维持其生命，这次战争，意在此。但大战的结果，竟出意料之外，欧洲的经济组织破坏了，世界的经济也因此发生极大的恐慌。于是由资本主义制度中产生的强有力的无产阶级

[illegible]就来做起来革命。当时在俄罗斯[illegible]由于[illegible]发生极大的罢工运动，[illegible]发生民族独立运动和罢工运动。但是资本家拼其固有的势力，[illegible]抗运动压制下去了。[illegible]因此[illegible]世界经济[illegible]再有一次大战[illegible]

现在所谓自由平等，不是别人欺骗我，就是我自己欺骗自己。我们对于此种[illegible]的[illegible]行为，[illegible]所利用[illegible]不足使我们被掠夺[illegible]我们只要实行社会革命，打破资本主义，[illegible]实[illegible]社会，才可以达到幸福！我还希望诸君，一同加入我们的革命队伍，大家一齐[illegible]运动罢！——

——胡仲达记

张椿年：请湖南团员易礼容演说。

易礼容：……

张椿年：请陈独秀先生演说。

陈独秀：今天有两个大会，一个是马克思纪念大会，一个是中国社会主义青年团成立大会。这两个大会有很密切的关系。其关系在哪里呢？因为社会主义青年团就是根据马克思的学说而成立。[illegible]马克思主义[illegible]要[illegible]马克思的精神，因为马克思的历史和学说，在马克思纪念册上叙述了，诸君都可见到。马克思的学说和行为有两大精神，这两大精神是中国人所最缺乏的：第一，实际研究的精神。[illegible]实际研究的精神，说来很为繁杂。古代人的

思想，大都偏于演绎法。怎样叫演绎法？就是以一个原理应用于许多事实。怎样叫归纳法？就是[illegible]许多事实[illegible]归纳出一个原理。[illegible]我们自然[illegible]便是归纳法与演绎法相反之处。但是科学[illegible]

中国 S. Y.[1]第一次全国大会开幕

五月五日下午一时起，在广州东园

主席——张椿年

张椿年：现在宣告开会，请奏乐。

——奏乐。

张椿年：我们中国现在还没有社会革命的歌，所以请诸君三呼“社会革命万岁”罢。

——众起立三呼“社会革命万岁”。

张椿年：我们社会主义青年团成立后，团员黄爱和庞人铨去年在湖南为主义而首先牺牲了，请诸君起立，并奏哀乐，以表哀忱。

——众起立，并奏哀乐。

张椿年：弟兄们，世界的资本主义在大战前五十年内，已经发达到极点了。社会的生产力，资本主义的经济组织再不能容纳了。所以经济的恐慌，常常发见（编者注——现）；资本主义的末日，我们就可见着。但世界的资本家还想救济这种危机，以维持其生命；这次战争之发生，真是为此。

但大战四年，结果竟出意料之外，欧洲的经济组织既破坏了，世界的经济也因此发生极大的恐慌。于是由资本主义制度中产生的强有力的无产阶级就乘机起来革命。当时在俄罗斯、德意志、匈加利[2]都发生无产阶级革命运动；在英美也发生极大的罢工运动；在各殖民地也发生民族独立运动和罢工运动。但是资本家持其固有的势力，将无产阶级这种反抗运动压制下去了。然而资本主义国家不肯因此即罢，世界终免不了再有一次大战，他们不能不剥削殖民地的脂膏以恢复大战之损失呢。所以无产阶级不快快团结起来，人类的文化将要消灭了！所以各国无产阶级之觉悟分子，都有共产党之组织，而且再结合组织一国际共产党[3]，以促进世界的革命。我们社会主义青年团也就在这个时机组织，运动中国无产阶级革命。社会主义青年团一方面为经济革命运动，并且帮助中国无产阶级，交互训练而为世界无产阶级革命之敢死队。社会主义青年团并且联络各种革命势力，反抗国际帝国主义的势力。倘使在中国的帝国主义的势力不打倒，中国的社会革命是不能实现。社会主义青年团并且反对中国的军阀，因为军阀是中国进化最大的阻力。所以我们的标语是：帮助劳工，打倒帝国主义和军阀！

张椿年：今天又是马克思的诞生纪念日，我们纪念他，非因他是大学问家，虽然他在社会学上的供献（编者注——贡献），像达尔文在生物学上的供献（贡献）一样；但是我们纪念他，第一，他是革命的实行家，第

一国际的创造家
为他指出革命的
须经过无产阶级
无产阶级确信资
功。这种确信，
君起立以表敬意。

——众皆起

张椿年：今
劳动代表现在还

张椿年：现
年团临时中央局
诵读。其词曰：
产主义青年团临
之意庆祝中国社
成立。我们深信
之根据，而中国
“与世界帝国资
国无产阶级和中
无产阶级，为夺
争。中国社会主
万岁！世界社会
表金万海，高丽

二，他和别个社会改革家不同，因
，他说要达到共产主义的社会，必
。他还有一种可使我们纪念的，使
义必定崩坏，无产阶级革命必定成
产阶级革命中最为重要。所以请诸

们本还是欢迎劳动代表大会，但是
来，所以先请来宾演说。

高丽共产党中央局、共产主义青
共产党致本会祝词，请张继武同志
等代表高丽共产党中央局、高丽共
央局和高丽女共产党，特以最诚恳
义青年团在广东开第一次全国大会
大会为发展中国无产阶级青年运动
万劳动者将在自己旗帜之上大书着
义奋斗"，我们深信这次大会为中
命青年作奋斗之先锋队，联合世界
由平等幸福，为社会主义而竭力战
团成立大会万岁！国际共产青年团[4]
万岁！署名者：高丽共产党中央局代
青年团临时中央局代表曹勋，高丽
女共产党金济惠。

张椿年：请黄壁魂女士演说。

黄壁魂：今天有许多是广东人，也有外省人，但广东人总居多数，所以说广东话，请诸位原谅。今天我最欢喜的，就是各省人共聚一堂会议。会议的意义，已经张椿年先生说明，不必多说。我是本团一分子，要说的，就是对于黄、庞两先生甚为敬重，并且希望我们继续他们牺牲去。以中国来计算，只有广东可以自由，所以我们竭力起来运动。至于我们女子，现在入团的很少，极希望我们女同志快快起来与男同志合力去奋斗，争回我们的自由权。至于男同志，我更希望你们竭力帮助我们女同志，打破现在不良的社会，建设一最良的社会，为我们人生造莫大幸福。这是鄙人所最希望的。

——胡仲达记。

张椿年：现在请本团团员演说了。即请广东同志李国英演说。

李国英：今天会场上第一旗帜是马克思诞生纪念大会。马克思在前百年今日的诞生，我们对于马克思先生是很钦仰的。第二旗帜是欢迎全国劳动大会代表。自从大战之后，各国劳动者都有极完固的组织，只有我国没有团体组织。长辛店、上海等处，劳动组织很不自由，因此各省派代表来广东开会，我们今天就来欢迎他们。第三旗帜是全国社会主义青年团在广东开第一次
会。有这三种盛典，我觉得欢喜不过，表示欢迎之

——阮啸仙记。

主 席：请汕头团员叶纫芳同志演说。

叶纫芳：今天是中国社会主义青年团第一
和马克思诞生纪念日，又是欢迎全国劳动代表的
兄弟得此机会参与盛会，令我发生好多感想和希
会主义到中国还不很久。民国元年的时候，有
虎先生，他曾立出八大条目来，做他所创立的社
党纲。当时听说这个社会党也达数十万党员，各
立了几个支部。但是实际考察起来，他那八条党
独讲不上社会主义，就连社会政策也不配讲。怎
呢？因为社会主义的目的是在打倒资本主义。而他
全不及此，只其中有两条——征收地租，收遗产
勉强可算社会政策罢了。后来他们召集全体会议
党纲之争持，遂分裂成两派，一派就是类似乌托
社会党，一派就名为中国社会党。但是江亢虎却
持其原来的意见，未曾变迁。江氏所手创的社会
也称一时之盛，但是一到了袁氏专政，下令解散
党，社会党也就名实俱亡，杳无踪迹。乌合之众
以成党，即成也是不久要崩坏的。这是这回事实
我们的教训。欧战前，欧美虽有许多社会党，但

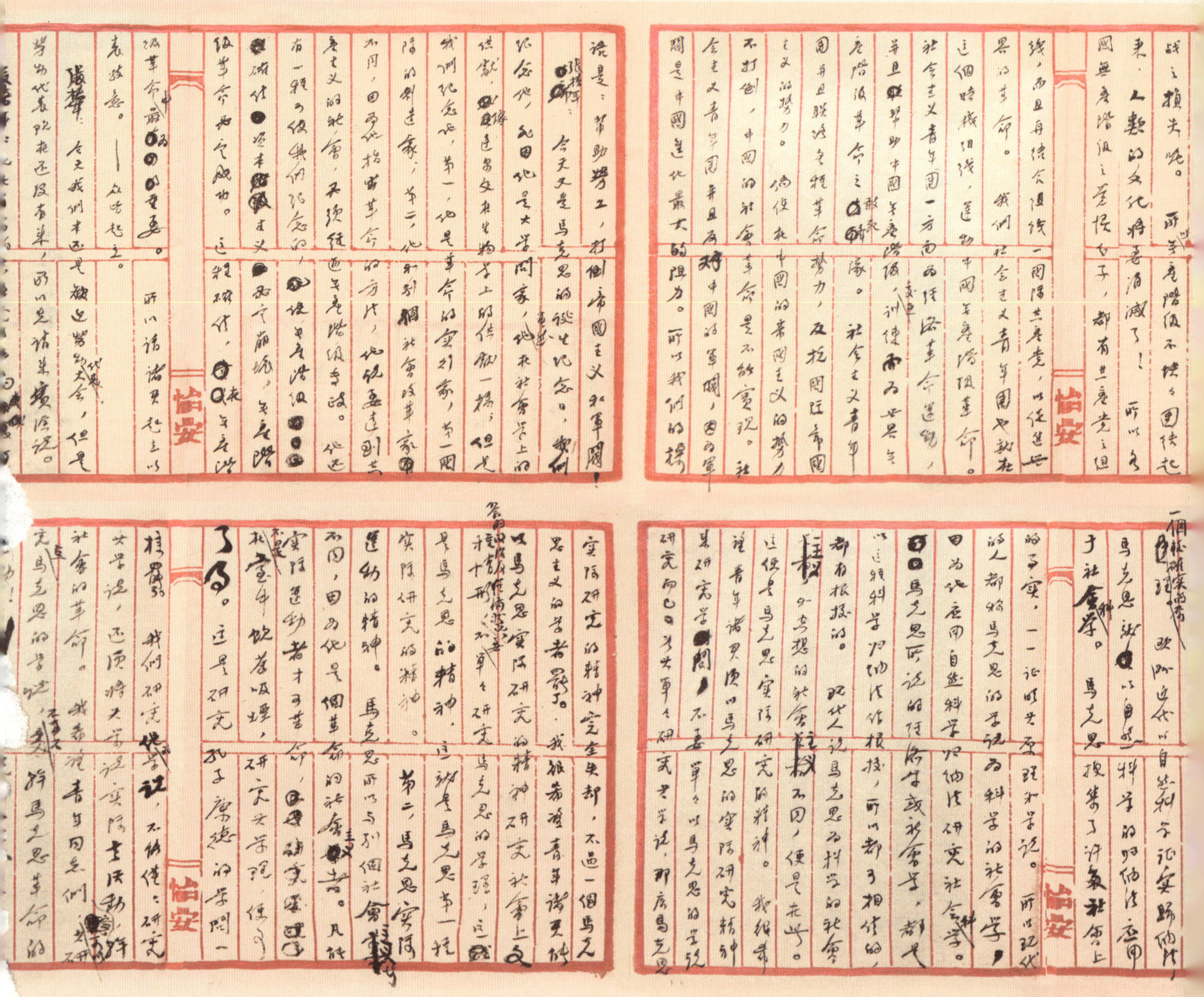

战之损失呢。所以无产阶级不能不团结起来，人类的文化将要消灭了！所以各国无产阶级之先锋分子，都有共产党之组织，而且再结合阶级一国际共产党，以促进世界的革命。我们社会主义青年团也就在这个时机组织，运动中国无产阶级革命。社会主义青年团一方面为促进革命运动，并且帮助中国无产阶级，训练而为世界无产阶级革命之先锋队。社会主义青年团并且联络各种革命势力，反抗国际帝国主义的势力。倘使在中国的帝国主义的势力不打倒，中国的社会革命是不能实现。社会主义青年团并且反对中国的军阀，因为军阀是中国进化最大的阻力。所以我们的标语是：帮助劳工，打倒帝国主义和军阀！

张（?）：今天又是马克思的诞生纪念日，我们纪念他，不因他是大学问家，他在社会学上的贡献，像达尔文在生物学上的贡献一样；但是我们纪念他，第一，他是革命的实行家，第一国际的创造家；第二，他对于社会改革家不同，因为他指出革命的方法，他说要达到共产主义的社会，必须经过无产阶级专政。他还有一种可贵的纪念的，使无产阶级……资本主义和平崩坏，无产阶级革命必定成功。这种精神，……无产阶级革命……重要。所以请诸君起立以表敬意。——众皆起立。

张华：今天我们本还是被邀劳动大会代表，但是劳动代表既在过去者来，所以是请某演说。

一个极端注重实验的……欧洲近代以自然科学的发达，归纳法，马克思说……以自然科学的归纳法应用于社会科学。马克思搜集了许多社会上的事实，一一证明其原理和学说。所以现代的人都将马克思的学说为科学的社会学，因为他应用自然科学归纳法研究社会科学。马克思所说的经济学或社会学，都是以这种科学归纳法作根据，所以都有相当的，都有根据的。现代人说马克思为科学的社会主义与空想的社会主义不同，便是在此。这便是马克思实际研究的精神。我很希望青年诸君须以马克思的实际研究精神来研究学问，不要单单以马克思的学说研究而已，不要单单研究其学说，那么马克思实际研究的精神完全失却，不过一个马克思主义的学者罢了。我很希望青年诸君能以马克思实际研究的精神研究社会上各种……不要单单研究马克思的学理，这是马克思的精神。这就是马克思第一种实际研究的精神。第二，马克思实际运动的精神。马克思所以与别个社会学者不同，因为他是个革命的社会主义者。凡能实际运动者才可革命，……研究社会学理，便……了。这是研究孔子康德的学问一样。我们研究马克思学说，不能仅仅研究其学说，还须将大学说实际去运动，作社会的革命。我希望青年同志们……马克思的学说，去做马克思革命的

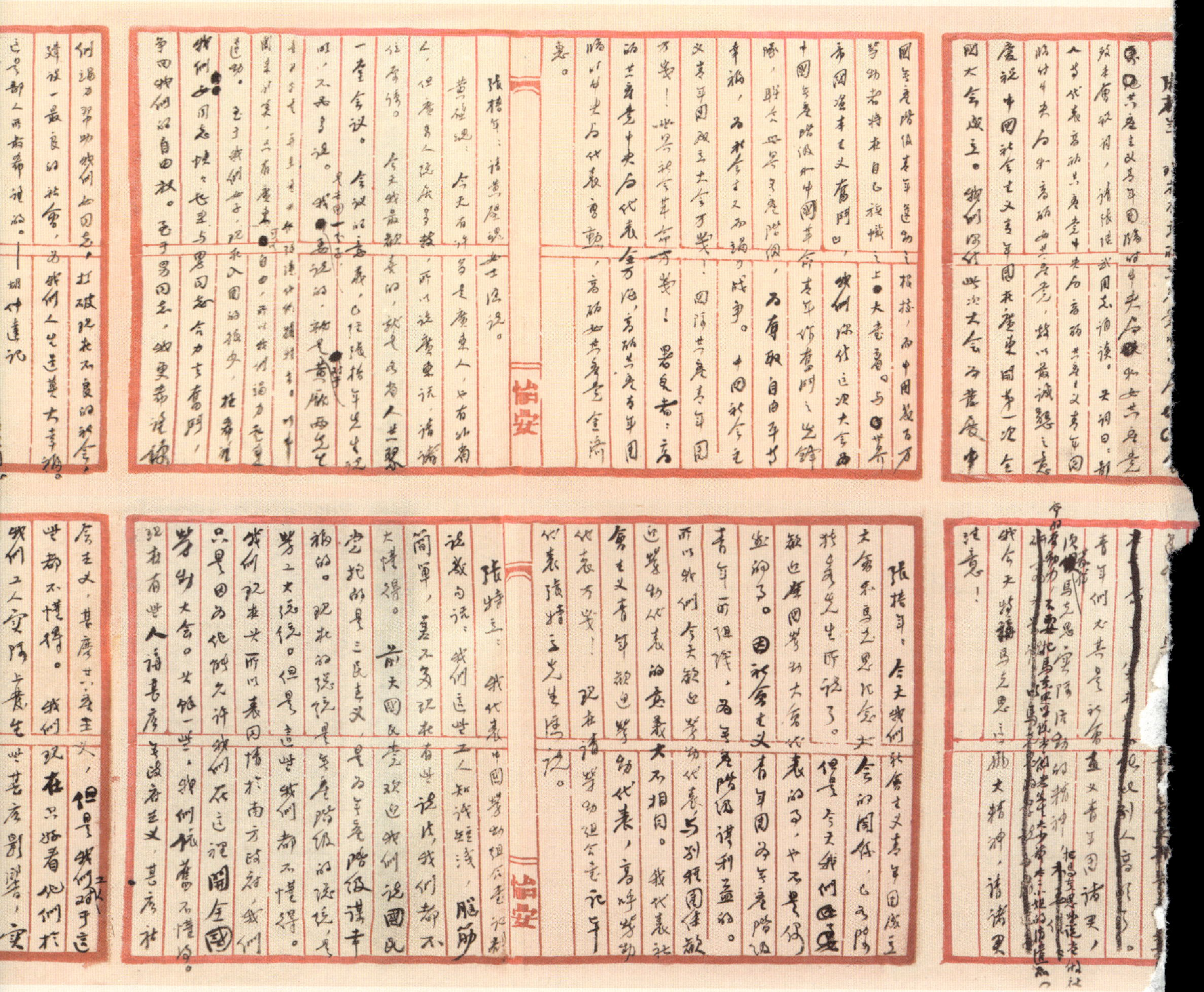

東亞共產主義青年團臨時中央局和女共產黨致本會歡詞，請張繼武同志誦讀。其詞曰：新人曾代表高麗共產黨中央局高麗共產主義青年團臨時中央局和高麗女共產黨，特以最誠懇之意慶祝中國社會主義青年團在廣東開第一次全國大會成立。我們深信此次大會為發展中國無產階級青年運動之指揮，而中國數百萬勞動者將在自己旗幟之上大書道：與萬帝國主義奮鬥！我們深信這次大會為中國無產階級和中國革命青年奮鬥之先鋒隊，聯合世界無產階級，為爭取自由平等幸福，為社會主義而踴躍的戰爭。中國社會主義青年團成立大會萬歲！國際共產青年團萬歲！世界社會革命萬歲！ 署名者：高麗共產黨中央局代表金萬海，高麗共產青年團臨時中央局代表黃勤，高麗女共產黨金濟惠。

怡安

張椿年：請黃碧魂女士演說。

黃碧魂：今天有許多是廣東人，也有外省人，但廣東人說廣東話，所以說廣東話，請諸位原諒。今天我最歡喜的，就是今日為人生一聚一堂會議。會議的意義，已經張椿年先生說明，不必多說。我要說的，就是[illegible]。[illegible]運動。至于我們女子，現在入團的極少，於本團[illegible]我們女同志快快也要與男同志合力去奮鬥，爭回我們的自由權。至于男同志，她更希望諸[illegible]何謂為幫助我們女同志，打破現在不良的社會，建設一最良的社會，為我們人生造莫大幸福。[illegible]全部人所希望祝的。——胡仲達記

[illegible]青年們大共產主義青年團諸君，[illegible]我今天特請馬克思之兩大精神，請諸君注意！

張椿年：今天我們社會主義青年團成立大會和馬克思紀念大會的關係，已有陳獨秀先生所說了。但是今天我們四處歡迎參與大會代表的了，也不是絕對無阻了。因社會主義青年團為無產階級青年所組織，為無產階級謀利益的。所以我們今天歡迎勞動代表，與別種團體歡迎勞動代表的意義大不相同。我代表社會主義青年歡迎勞動代表，高呼勞動代表萬歲！現在請勞動組合書記部代表張特立先生演說。

怡安

張特立：我代表中國勞動組合書記部說幾句話：我們這些工人知識淺，腦筋簡單，甚不易說出有些話來，我們都不大懂得。前天國民黨歡迎我們，說國民黨抱的是三民主義，是為無產階級謀幸福的。現在的總統是無產階級的總統，是勞工大總統。但是這些我們都不懂得。我們現在也不所以表同情於南方政府，我們只是因為他能允許我們在這裡開全國勞動大會。此外，我們總不懂的。現在有些人講甚麼無政府主義，甚麼社會主義，甚麼共產主義，但是我們對于這些都不懂得。我們現在只盼着他們於我們工人實際上有些甚麼影響，實[illegible]

到甚么实权。欧战期间更有些社会党为资本家所蒙蔽了，去和资本家经营国际战争。一直到俄国劳农政府勃兴，欧洲社会党的势力才风起云涌的澎湃起来，余波所及，至于东亚，于是乃有今日中国社会主义青年团发生而至成立。中国社会主义青年团成立了，并且在此地能开全国大会，这是中国社会极可庆幸的事。因此我更希望大家今日要讨论个切实进行的办法，实地做去。须知现在中国政府除开这个广东省，言论出版结社之自由，还是未曾得到的。在这种政治黑暗、武力压迫之下，我们应如何努力奋斗，务望社会主义随处皆得实现，到最后全国实行团结起来，将资本主义根本打倒，将共产主义的社会建设起来，那么我们的目的才算达到。我不长演说，不过将我过去经过的事实报告诸君，希望我们无论如何不蹈从前社会党的覆辙。

——陈启民记。

张椿年：请广东同志何寿英演说。

何寿英：我不会演说，不过和诸君谈话。我们试问现在何一而非为经济所压迫？虽言论自由，各种政治也无一不受压迫。我们欲推翻这种压迫，第一须要将现在的政治推翻，将政权移到我们手中，方可创造一良社会。试问今日所谓的牺牲者，果配言牺牲么？ 都是为资本家与军阀牺牲罢！ 现在我对于资本家与军阀应该不替他们去牺牲，必定实行社会革命，为主义而奋斗。

对于家庭和学校，如有压迫不能自由，也只有与之奋斗以图改良。要知道现在所谓自由平等，不是别人欺骗我，就是我自己无聊的自慰。我们对于从前的英雄豪杰的行为，烈士的举动，是为一党一派所利用，不足使我们颂扬而赞成的；我们只要实行社会革命，打破资本主义，实实在在改造社会，才可得到幸福！我还很希望来宾诸君，一同加入我们的革命队伍，大家一齐在共产主义旗帜之下运动前进！

——胡仲达记。

张椿年：请湖南同志易礼容演说。

易礼容：……

张椿年：请陈独秀先生演说。

陈独秀：今天有两个大会，一个是马克思纪念大会，一个是中国社会主义青年（团）成立大会，这两个大会有很密切的关系。其关系在哪里呢？因为社会主义青年团就是根据马克思的学说而成立。但是今天只讲马克思主义重要的精神，因为马克思的历史和其学说，在马克思纪念册上叙述了，诸君都可见到。马克思的学说和行为有两大精神，刚好这两大精神都是中国人所最缺乏的：第一，实际研究的精神。怎样叫实际研究的精神？说来很为繁杂。古代人的思想，大都偏于演译法[5]。怎

大会主席张太雷致开幕词时，率众三呼“社会革命万岁”之后慷慨陈词：“帮助劳工，打倒帝国主义和军阀！”他还说，今天是马克思诞生纪念日，马克思“使无产阶级确信资本主义必定崩坏，无产阶级革命必定成功。这种确信，在无产阶级革命中最为重要”。

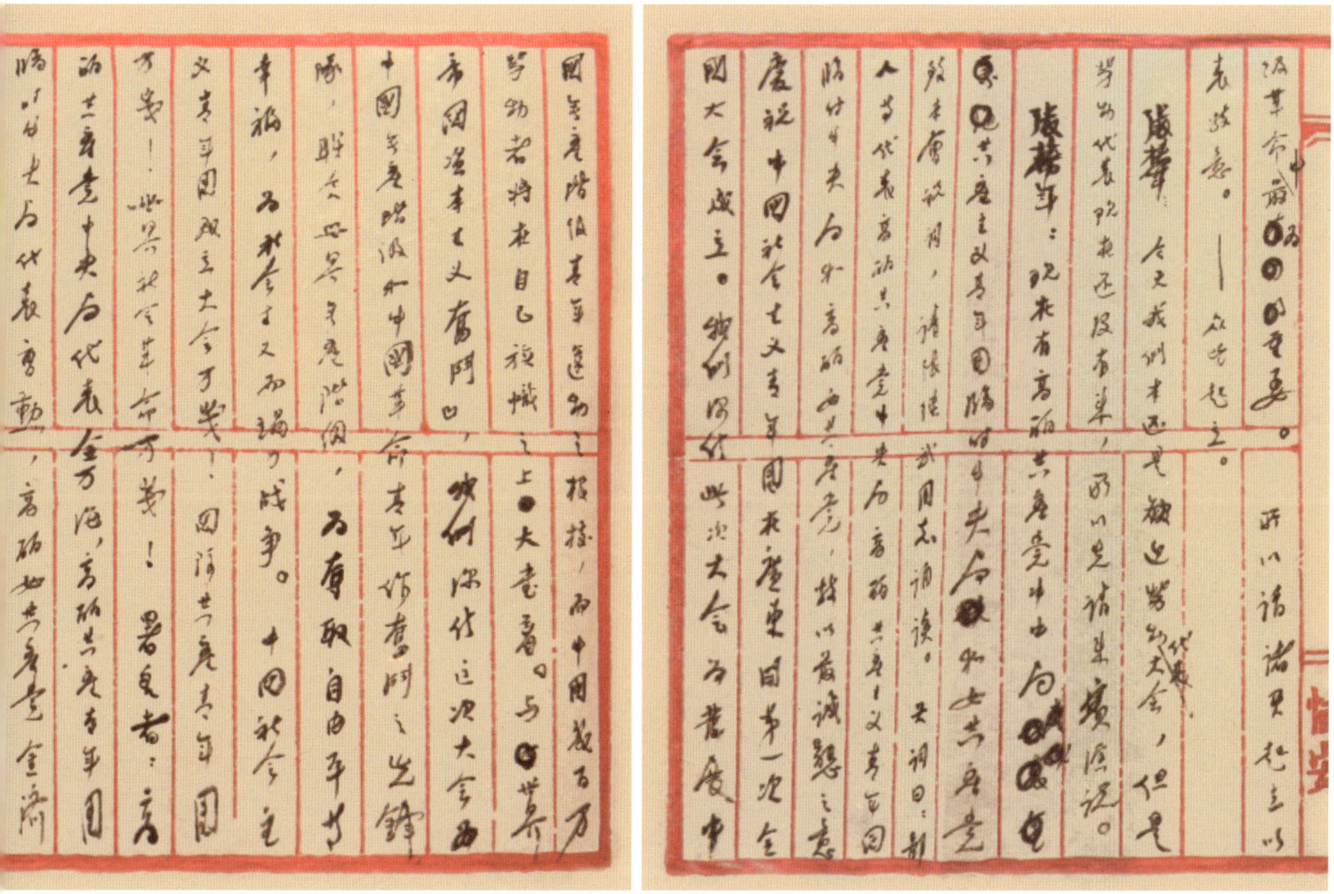

■ 张继武宣读高丽中央委员会代表金万海、高丽共产青年团临时中央局代表曹勋、高丽女共产党金济惠给大会的祝词。

中共领导人陈独秀发表了题为《马克斯的两大精神》的演说。他指出“社会主义青年团就是根据马克斯的学说而成立”，宣讲了马克思的两大精神——实际研究的精神、实际活动的精神，希望青年们尤其是社会主义青年团员，“把马克斯学说当做社会革命的原动力，不要把马克斯学说当做老先生大少爷太太小姐的消遣品”。

中共中央局成员张国焘代表中国劳动组合书记部发表了演说。他希望“从事实际运动的社会主义青年团”出现后，“结合无产阶级为无产阶级谋利益”。

“曾做过学生代表，现在又来当工人代表”的邓中夏，代表北方劳动组合书记部也发表了演说。他说：“中国是个受压迫的国家，中国人民是些受压迫的人民”，要铲除这些现象，“只有将国内军阀打倒，将国际资本家和帝国主义打倒”。

在团一大开幕式演讲的，还有少共国际代表达林、团一大代表、全国劳动大会代表以及广东社会主义青年团团员、广州车衣女工工会会长黄壁魂和李国英、何寿英等，一共16人。这些演讲，在风华正茂的青年的心田鼓起“在共产主义旗帜下运动前进”的风帆。

团一大的召开，宛若一股洪流，汇入国际共运的长河，激起耀眼的浪花。高丽共产党中央局、高丽共产主义青年团临时中央局和高丽女共产党向团一大发来的祝词，表示“深信此次大会为发展中国无产阶级青年运动之根据”。张继武宣读了这封祝词。

开幕式从下午1时一直进行到5时多，才在欢呼声中结束。

中國社會主義青年團
東園

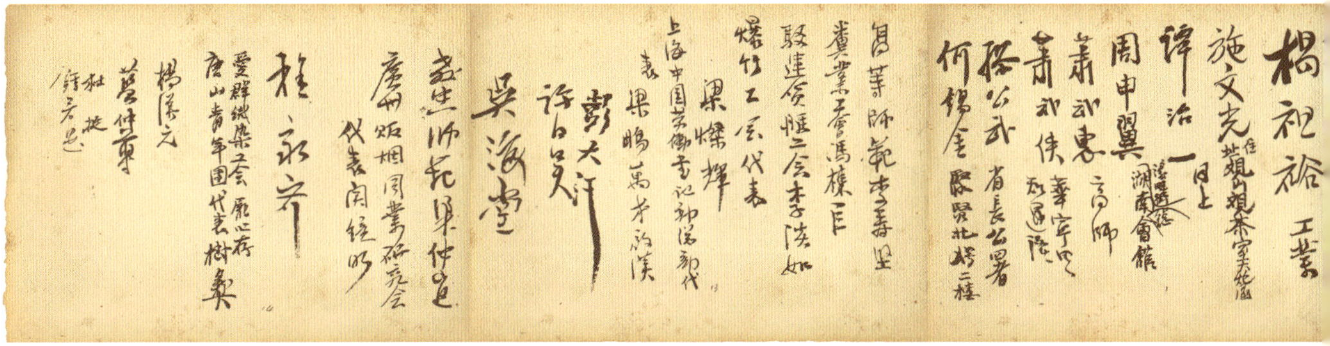

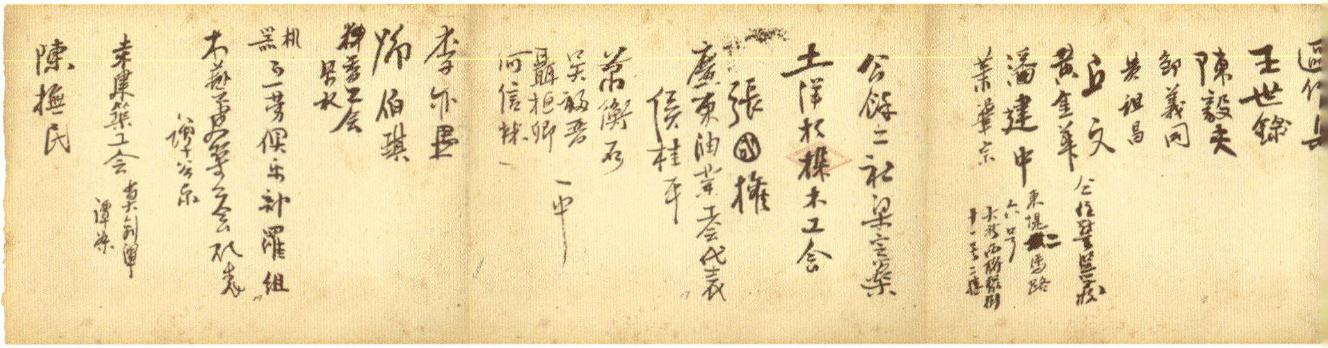

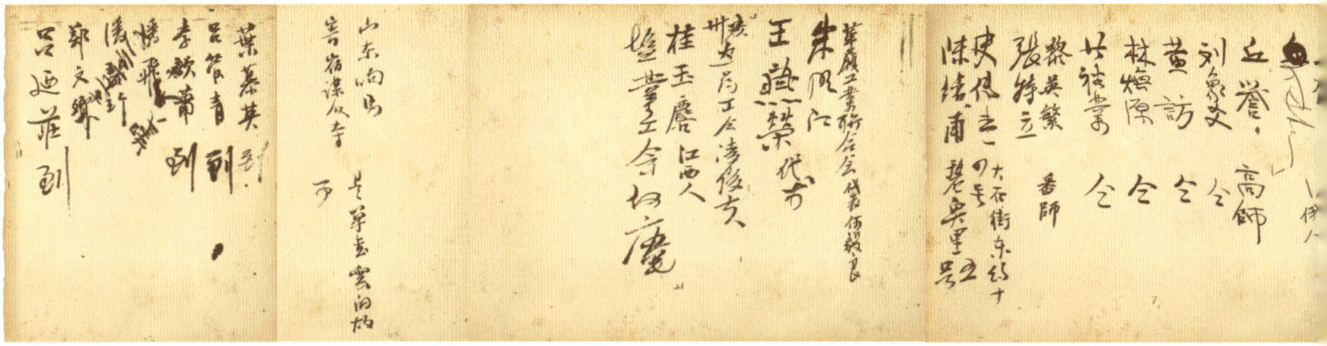

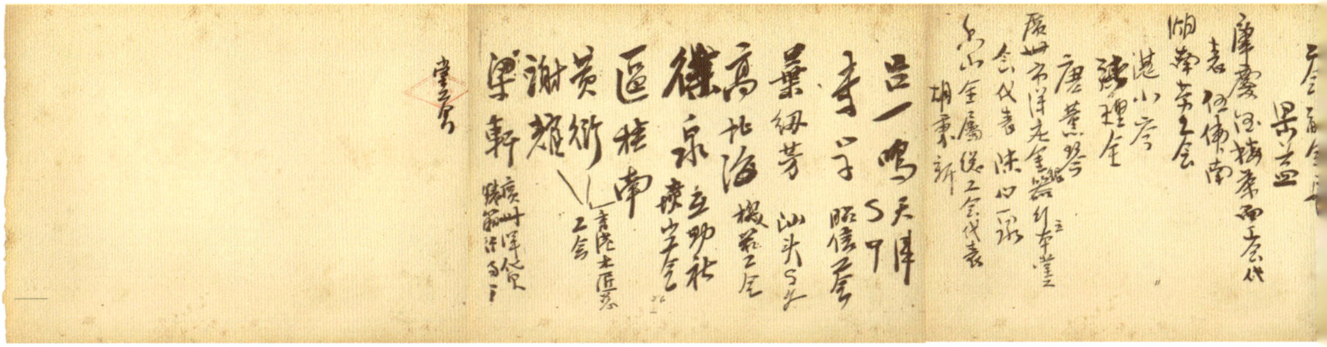

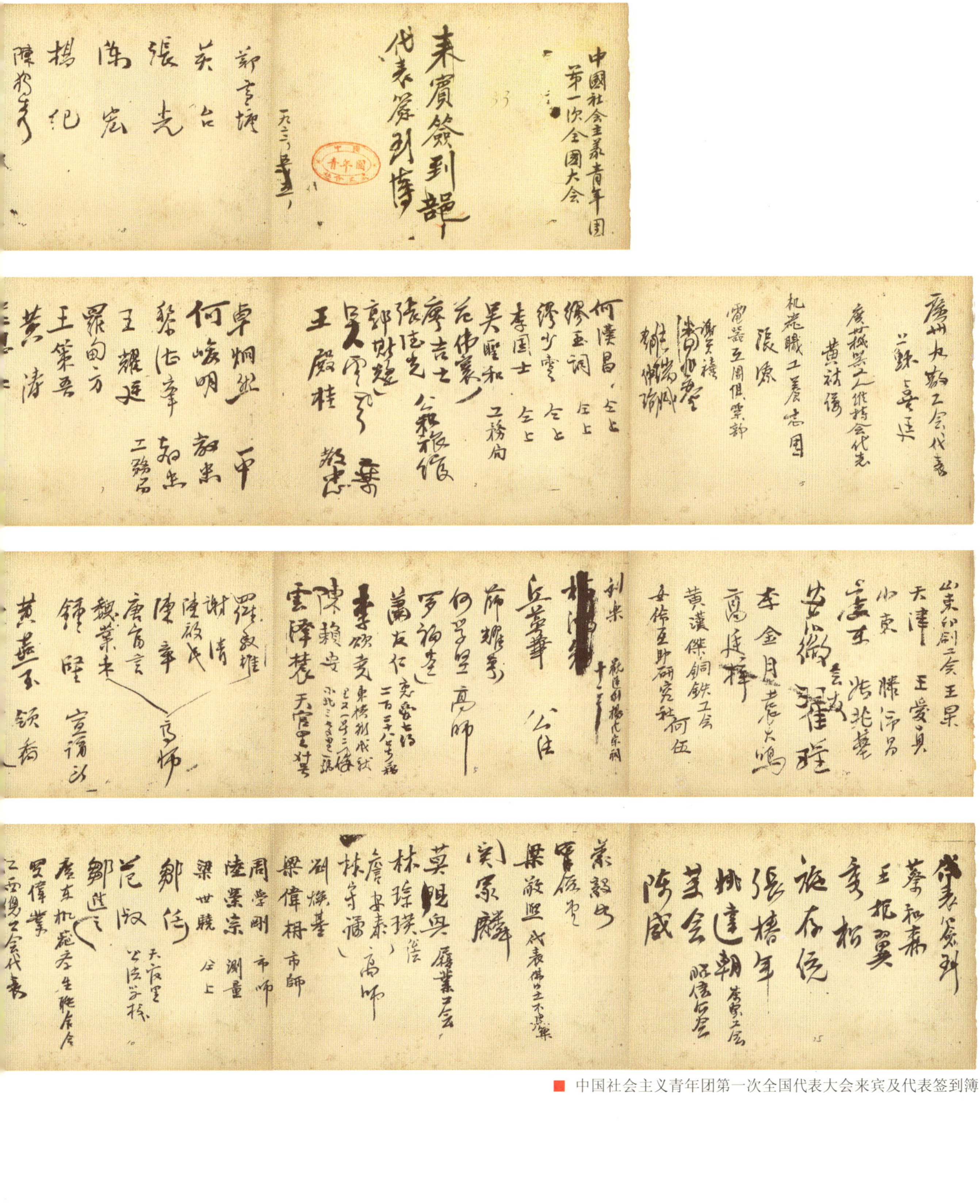
中国社会主义青年团第一次全国大会
来賓簽到部
代表簽到簿

■ 中国社会主义青年团第一次全国代表大会来宾及代表签到簿

便是在此。这便是马克斯实际研究的精神。

我很希望青年诸君须以马克斯的实际研究精神来研究学问，不要单单以马克斯的学说研究而已。如其单单研究其学说，那么马克斯实际研究的精神完全告却，不过一个马克斯主义的学者了。我很希望青年诸君能以马克斯实际研究的精神研究社会上各种情形，最重要的是现社会的政治及经济状况，不要单单研究马克斯的学理，这是马克斯的精神，这就是马克斯第一种实际研究的精神。

第二，马克斯实际活动的精神。马克斯所以与别个社会主义者不同，因为他是个革命的社会主义者。凡能实际活动者才可革命，不是在屋中饮茶吸烟，研究其学理，便可了事，这是研究孔子康德的学问一样罢了。我们研究他的学说，不能仅仅研究其学说，还须将其学说实际去活动。干社会的革命。我望青年同志们，宁可以少研究点马克斯的学说，不可不多干马克斯革命的运动！青年们尤其是社会主义青年团诸君，须发挥马克斯实际活动的精神，把马克斯学说当做社会革命的原动力，不要把马克斯学说当做老先生大少爷太太小姐的消遣品。

我今天特讲马克斯这两大精神，请诸君注意。

马克斯的两大精神

陈独秀

今天有两个大会，一个是马克斯纪念大会，一个是中国社会主义青年团成立大会，这两个大会有很密切的关系。其关系在哪里呢？因为社会主义青年团就是根据马克斯的学说而成立。但是今天只讲马克斯主义重要的精神，因为马克斯的历史和其学理，在马克斯纪念册上叙述了，诸君都可见到。马克斯的学说和行为有两大精神，刚好这两大精神都是中国人所最缺乏的。

第一，实际研究的精神。怎样叫实际研究的精神！说来很为繁杂。古代人的思想，大都偏于演绎法。怎么叫演绎法？就是以一个原理应用许多事实，到了近代科学发明，多采用归纳法。怎么叫归纳法？就是拿许多事实归纳起来证明一个原理。这便是归纳法与演绎法相反之文。我们自然对于这两种方法，应该互为应用。但是科学发明之后，用归纳法之处为多，因为一个原理成立，必须搜集许多事实之证明，才能成立一个较确实的原理。欧洲近代以自然科学证实归纳法，马克斯就以自然科学的归纳法应用于社会科学。马克斯搜集了许多社会上的事实，一一证明其原理和学说。所以现代的人都称马克斯的学说为科学的社会学，因为（现）代应用自然科学归纳法研究

叁 红旗猎猎立纲定章 阵演堂堂生力新军

“清风吹歌入云去，歌曲自绕行云飞。”开幕式结束后，从5月6日到10日举行的团一大8次全体会议，恰似弹奏一首雄壮的交响曲。

团一大会议油画

【各地团组织工作报告】

这首交响曲的第一乐章，充溢着代表们报告各地团组织情况的激情。其中，施存统报告临时中央局和上海团的情况，谭平山、邓中夏、易礼容、莫耀明等人，分别报告广东、北京、长沙、南京等地团组织情况。思想的交锋、工作的艰辛、进展的感奋、组织的壮大，交织成中国青年运动的缩影。

团一大会议议程简表（正式会议会期6天，共举行8次会议）

5月5日下午	下午一时，团一大在广州东园举行开幕式暨纪念卡尔·马克思诞辰104周年。 1.张太雷（张椿年）致开幕词。 2.张继武宣读高丽共产党中央委员会、高丽共产青年团临时中央局等联名给大会的祝词。 3.陈独秀作题为《马克斯的两大精神》的讲演。 4.少共国际代表达林作《国际帝国主义与中国及中国社会主义青年团》的演说。 5.来宾、团一大代表和第一次全国劳动大会代表16人发表演说。	1.出席开幕式的领导、嘉宾共1500多人，其中团一大代表25人； 2.是日为马克思诞辰104周年纪念日，会议散发了由中国劳动组合书记部出版的《马克思纪念册》。
5月6日至10日上午	1.施存统（方国昌）作团的临时中央局和上海团组织的情况报告。 2.各地代表作关于本地团的情况报告。 3.讨论议案。	从5月6日至10日上午，每天会议的具体内容，目前尚无法分别详细列出。
5月10日下午	下午二时四十分会议： 1.邓中夏（邓仲澥）报告北京社会主义青年团情况。 2.谭平山报告广东社会主义青年团情况。 3.讨论选举团中央执行委员会办法，邓中夏（邓仲澥）提出先提“候补人”，施存统（方国昌）提议选举团中央执行委员时，凡是社会主义青年团团员都可以推举，先推“候补员（人）”，到会每人只能提1人，过半数通过，无记名投票。	
5月10日晚上	晚上七时半会议： 1.易礼容报告长沙社会主义青年团情况。 2.莫耀明报告南京社会主义青年团情况。 3.会议讨论通过以下决议案： ①《中国社会主义青年团纲领》 ②《中国社会主义青年团章程》 ③《青年工人农人生活状况改良的议决案》 ④《关于政治宣传活动的议决案》 ⑤《关于教育运动的议决案》 ⑥《中国社会主义青年团与中国各团体的关系之议决案》 4.议决中国社会主义青年团加入“少共国际”，成为它的一个支部。 5.与会代表投票选举团一届中央执行委员会。 6.会议代表三呼“中国社会主义青年团万岁”后散会。	会议选出高君宇（高尚德）、施存统（方国昌）、张太雷（张椿年）、蔡和森、俞秀松5人为团一届中央执行委员会委员；冯菊坡、林育南、张秋人3人为团一届中央执行委员会候补委员。

【团一大通过文件】

这首交响曲的第二乐章，蕴含代表们讨论通过了大会文件的理性。这些大会文件主要包括《中国社会主义青年团纲领》、《中国社会主义青年团章程》和4个议决案：《青年工人农人生活状况改良的议决案》、《关于政治宣传运动的议决案》、《关于教育运动的议决案》、《中国社会主义青年团与中国各团体的关系之议决案》。

团纲、团章明确宣示：中国社会主义青年团是中国青年的先锋组织。在政治方面第一次明确地提出“铲除武人政治和国际资本帝国主义的压迫”。团纲确定中国社会主义青年团是“中国青年无产阶级的组织，即为完全解放无产阶级的组织”，它的最终奋斗目标是为在中国建立“一切生产工具收归公有和禁止不劳而食的初期共产主义社会”。

世界無產青年團結起來呵！

先驅

一九二二年五月十五日出版

中國社會主義青年團第一次全國大會號

The Pioneer

半月刊

第八號

■ 《先驱》第八号刊载的“中国社会主义青年团第一次全国大会号”

秘档珍闻

陈独秀：广东工人与上海工人的比较

上海底工厂比广东多，工人也比广东多，工会却比广东少。广东已有七十多个工会，都是真正工人所组织的；上海只有四十多个工会，而且“招牌工会”占了三分之二。广东底工人，已有二十分之十二入了工会；上海底工人，入工会的还不到四十之十。上海工人比广东多，为什么上海底工会反不及广东发达呢？这因为广东工人对于工会都很热心；上海工人对于工会都很冷淡。广东如：建筑工会、机器工会、道路工会等，都很有势力，新近有海员工会、印刷工会，团体很坚固。现在广东底工人教育也发达起来了，工人学校已有数十处之多。虽说两个地方的政治权力有保护劳工与压制劳工之分；但无论如何，工人们总要自己去做呀！

（原载《民国日报》副刊《觉悟》　1922年3月21日出版　署名：陈独秀）

团纲、团章高扬着马克思主义的旗帜。“社会主义青年团为信奉马克思主义的团体”，以马克思的诞辰作为自己的生日。这表明青年团已吸取了最为重要的历史经验，摒弃了“没有标明那种主义”的模糊认识，旗帜鲜明地以马克思主义去组织力量，集合队伍，使团组织能够纯洁而不致鱼龙混杂，行动能够统一而不致各行其是，为团组织日后的发展奠定了牢固的思想基础。团章对团员、团的组织、团的纪律等等都有很多规定。这些规定表明，团组织不再像初创时那样组织松散，而是有完备的组织、严格的纪律的队伍，为团组织日后的发展打下了良好的组织基础。

大会通过的文件，闪耀着理论联系实际的光辉，充分说明了团要开展的工作，准确表述了当时中国革命的任务。例如，团纲指出：“中国社会主义青年团，一方面为改良青年工人、农人的生活状况而奋斗，并为青年妇女、青年学生的利益而奋斗；一方面养成青年革命的精神，使向为解放一般无产阶级而奋斗的路上走。”又如，《关于政治宣传运动的议决案》指出：“中国社会主义青年团为代表中国青年无产阶级的革命团体，所以他的生命在不停的实际活动上面，而不在坐而论道或空谈主义的上面。”“每一种群众运动发生，尤其是政治性质的群众运动发生，我们必须努力参加其中，占得指导的地位。”

中国社会主义青年团纲领

（1922年5月中国社会主义青年团第一次全国代表大会通过）

在最近十年间的世界情形，完全为欧美资本帝国主义所威胁。这可惊可怕的欧美资本主义大企业日益扩张，其出产品的大部分并不销售在欧美自己的国内，而输出于欧美以外的国家。

结果，每个资本主义的国家都想日日扩张自己的市场，以销售自己国家过剩的出产品；一方面又从欧美以外的消费国中收买原料及半制品。因为要不断的争夺及保护这些市场，所以资本帝国主义的列强对于弱小民族就不得不用武装的侵略和竞争。现今他们竞争最烈的大市场就是亚洲。因此印度、中国和高丽等国就特别受世界资本帝国主义的压迫。

一九一四年到一九一八年惊天动地的世界战争，其发生的原因完全由于英、法、德、奥互相争夺市场。战争的结果，瓜分了德国的殖民地，毁灭了德、奥、保加利亚的经济基础，使德、奥、保加利亚成为英、法的殖民地，并且把世界的经济秩序完全破坏了。资本帝国主义的列强先后在巴黎、华盛顿及日内瓦会议中貌为和平，心实争夺宰割世界。此等会议中互相冲突的暗礁，又将为第二次世界战争的导火线。

日、美战争既为最近期间必不可免的趋势，而英、法冲突又将相见于疆场，所以将来第二次资本帝国主义的世界大战爆发起来，其猛烈凶残必较新近完结的大战为尤甚。

华盛顿和日内瓦会议，不过为苟延将来必不可免的大战时期之一种方法。一方面彼此藉此稽延期间充分作战争的准备；他方面又可在此稽延期间尽量吸收弱小国和殖民地底精液，如原料劳力等，以补偿其在大战中的损失，并准备第二次大战的经济基础。

上次大战的结果，使英国、日本对于东方各民族的侵略愈加厉害，如英国侵略印度，每年约有百万印度劳苦人民死于饥饿；日本侵略高丽，更是一口吸收其所有精液一滴不漏。

资本帝国主义的列强，对于侵略中国又另取一种形势。中国最足为资本帝国主义在世界上贪婪掠夺的写照。各资本主义的国家，都以中国有广大的肥美土地，多量的贱价原料和多数的消费人口是一块肥美之肉，各想夺取比较他国更优越的权利，遂至互相争夺：而造成中国现今在国际上的特殊状况。

资本主义的列强欲达到其侵略的目的，自然要努力破坏中国的独立和自强，扶植督军武人使之互相争斗，以收渔人之利；同时又因为列强间的互相竞争，各自特别扶植其势力所及的督军武人使之互相争斗，以获得特别的权利。在这种国际资本的支配及竞争之下，遂使中国四分五裂，内政无从整理，于是列强更藉为口实而谋瓜分中国或共管中国。所以中国国内的特殊状况，也是国际资本势力造成的。

中国的分裂和内乱既是由于国际资本的扶植，加之又有一班由国际资本养成的外国资本家走狗、汉奸、卖国党，在现在及最近将来更能把中国一切的经济生命尽量卖给外国资本家，例如种种权利之割让，最廉价的原料之输出，最廉价的劳力之供给等都是。

国际资本的压迫日甚一日，中国农民与无产阶级之失业和贫困也就跟着日甚一日。他方面，大都会里又产生了欧化的资产阶级，这种资产阶级也采取外国资本家同样的形式用资本压迫中国的无产阶级。

在最近的中国，这种欧化的资产阶级虽有相当的势力，仍未得着充分发展的机会；而组织中国社会的最多数最重要的分子，还是农人、小商人和小工厂主或工厂主以及知识者等小资产阶级。

这种小资产阶级，受了国际资本和国内武人两重压迫，日在恐慌崩坏之中，于是其中的开明分子为自身生存与发展起见，遂发生反抗外国资本帝国主义的侵略和反抗本国封建武人的压迫这两种愿望。一九〇〇年至一九〇二年义和团事件，正是资本帝国的势力压迫中国，使中国人民心情狂乱而反动的表现。一九一一年武昌革命事件，正是资本帝国的势力压迫中国，使中国人起来直接反抗封建帝政以铲除革新障碍，间接革新内政以反抗国际资本帝国势力的外患之表现。

这种反抗封建的民主革新战争，在政治和经济进化之历史的过程上有重大的意义。具体说起来，这种革命战争终局的胜利，是在能够得着对外的民族独立，对内的言论、出版、集会、结社自由及普通选举各种权利。这种革命战争现时正在奋进途中，鉴于中国政治经济的现状，我们无产阶级和最苦的农民都应该援助这种革命的争斗，造成无产阶级的真实力量，不应该取旁观或反对态度使封建制度延长生命。但同时我们要知道民主革命的胜利，我们无产阶级虽可以得着些自由与权利，然而不能得着完全解放，因为民主派的小资产阶级战胜以后，他们马上就会变成大资产阶级，而与无产阶级间的资本主义关系即支配的关系依然存在。所以接着民主的革命成功，便会发生无产阶级对抗资产阶级的革命运动。这种革命之目的是采用劳农制度，即是将政权归诸无产阶级。这种革命实现之迟速，乃依世界状况及中国无产阶级组织能力和战斗能力之强弱而定。

中国社会主义青年团为中国青年无产阶级的组织，即为完全解放无产阶级而奋斗的组织，换句说，就是要建设一切生产工具收归公有和禁止不劳而食的初期共产主义社会。

中国社会主义青年团，一方面为改良青年工人、农人的生活状况而奋斗，并为青年妇女、青年学生的利益而奋斗；一方面养成青年革命的精神，使向为解放一般无产阶级而奋斗的路上走。然这种奋斗的道路并非直径的，所以现在中国社会主义青年团特规定下列现时的方针，以期达到最后的目的。

政治方面

（一）铲除武人政治和国际资本帝国主义的压迫。

（二）工人和农人在各级议会和市议会中应获得无限制的选举权。

（三）言论、出版、集会、结社、罢工应有绝对的自由权。

经济方面

（一）十八岁以下的青年工人，每日工作时间不得过六小时；十八岁以上的青年工人，每日不得过八小时，但应争得平均的工值。禁止十二岁以下的青年作工。

（二）每星期至少应有连续三十六小时的休息；一切节日停止工作。

（三）禁止厂主与艺徒私自缔结契约，应制定保护艺徒的法律。

（四）改良工人卫生，禁止十六岁以下的青年作有妨害健康的工作。

（五）男女工人待遇平等，女子在分娩期两月中应停止工作，并须照常给发工资。

教育方面

（一）关于社会教育社会主义的青年，应为所在地方的青年无产阶级组织俱乐部、学校、讲演会，以发展他们的知识和社会觉悟，并发刊通俗的日报、月报、小册子。对于青年农人亦应特别注意。又应使年长失学的青年受普通教育。

（二）关于政治教育社会主义的青年应宣传社会主义于大多数青年无产阶级。其方法或集会讲演，或刊行出版物和小册子，并特别讲述中国政治情形及其他种种情形，以启发并养成青年无产阶级的政治觉悟及批评力。

（三）关于学校教育社会主义的青年应运动改革学校制度，使一般贫苦青年得受初步的科学教育，并极力运动建设普遍的义务教育和学生参加一切学务管理。取消宗教关系、地方关系及一切不平等的待遇。

中国社会主义青年团对于各种运动，当协同中国各种青年团体共同工作。协同各种青年团体反抗各种迷惑青年阻损青年思想进步之政治或宗教运动。

中国社会主义青年团承认对于解放无产阶级和被压迫民族的问题为世界问题，要达到社会主义的目的，非全世界无产阶级和被压迫民族共同起来革命不可。

（原载《先驱》第八号　1922年5月15日出版）

中国社会主义青年团章程

（1922年5月中国社会主义青年团第一次全国代表大会通过）

第一章　团员

第一条 凡十五岁以上二十八岁以下之青年，承认本团纲领及章程，并愿服务本团者，皆得为本团团员。

第二条 年逾二十八岁者，得为本团特别团员，只有发言权。

第三条 团员入团时，须有团员二人以上之绍介，并须由该地方执行委员会通过。

第四条 团员入团时，须在该地方团书记处登记，并由该地方执行委员会盖章发给团证。

第五条 团员入团时，须缴入团费五角，并须按月缴常费一角；但劳动者入团费得免缴。

第二章　组织

第六条 各工厂、各学校、各乡村及其他足资活动之机关中，有团员三人以上，即须组织小团体。各“小团体”满十人以上须组织干事会执行事务，任期三个月；但不能组织干事会时须设书记一人。

第七条 各地方组织地方青年团，该地方各小团体属之。选出地方执行委员会，任期六个月（任期内因特别事故缺职时，上级委员会得委派之）。

第八条 区代表大会选出区执行委员会，任期一年。

第九条 全国代表大会选出中央执行委员会，任期一年。

第十条 中央执行委员会由全国代表大会选出五人组织之，并选出候补委员三人。

第十一条 中央执行委员会互选书记一人，总理事务。

第十二条 中央执行委员会主要工作分为三部：

（一）书记部——掌理组织财政搜集报告，发给通告等事。

（二）经济部——掌理关于改良青年工人农人经济状况等事。

（三）宣传部——掌理教育及政治的工作，主义宣传及出版事业等事。

第十三条 区及地方执行委员会之组织，按中央执行委员会组织之原则组成之，但须经中央执行委员会之认可。

第十四条 大会或中央执行委员会议决之各种议案，地方团得组织各种运动委员会分别进行。

第三章　纪律

第十五条 全国代表大会为本团最高机关。

第十六条 在全国代表大会闭会期间，中央执行委员会为最高机关。

第十七条 大会或执行委员会之议决须为该大会或执行委员会多数之公意，少数须服从之。

第十八条 下级执行委员会须服从上级执行委员会；不服从时，上级执行委员会得取消或改组之。

第十九条 对于各下级执行委员会议决有抗议时，得五分之一的赞成者，得提出上级执行委员会判决。但在抗议时期仍须服从各该下级执行委员会之议决。

第二十条 对于中央执行委员会有抗议时，得提出于全国代表大会判决。但在抗议时，仍须服从中央执行委员会之议决。

第二十一条 团员违背纲领章程或决议案时，得由该地方执行委员会开除之。

第二十二条 团员无故连续二次不到会或三个月不缴月费者，得由该地方执行委员会开除之。

第四章　会议

第二十三条 各“小团体”每星期须开会一次。

第二十四条 各地方青年团每月须开会一次（代表会或大会依各地情形而定）。

第二十五条 各区每年须开代表大会一次。

第二十六条 全国每年须开代表大会一次。

第二十七条 中央执行委员会认为必要时，得召集全国临时会议；有过半数区之请求，中央执行委员会必须召集全国临时会议。

第二十八条 区及地方临时会议亦得照全国临时会议之办法召集之。

第五章　报告

第二十九条 下级执行委员会每月至少须报告上级执行委员会一次。

第六章　机关

第三十条 依照各地情形须设立平民学校、青年俱乐部、新剧团、合作社、演讲团、图书馆、出版机关等。

第七章　经费

第三十一条 经费以团费特别捐及其他收入充之。

第八章　机关报

第三十二条 本团由中央执行委员会出一机关报，团员负定阅及销售之义务。

第九章　附则

第三十三条 本章程得由全国代表大会过半数之议决修改之。

第三十四条 本章程由本团第一次全国大会议决，自中央执行委员会公布日起发生效力；从前各处青年团的章程，一律取消。

“附”议决案五则：

（一）佛山分团由大会议决认为特别区，不适用章程之第二条。

（二）特别团员经所在地方团团员过半数议决认为必要时，并得中央执行委员会之同意，得有被选举权。

（三）有三个地方团以上方可组成一区。其划分法，由中央执行委员会临时决定。

（四）不属于区之地方团由中央执行委员会直辖，或由中央执行委员会委托某区兼辖。

（五）前加入本团团员须追缴入团费。

（原载《先驱》第八号　1922年5月15日出版）

四项议决案的内容明确地体现了中国社会主义青年团的无产阶级性质和政治革命的任务：《青年工人农人生活状况改良的议决案》和《关于教育运动的议决案》站在无产阶级（工人和农民）的立场上，对社会改造提出了要求；《中国社会主义青年团与中国各团体的关系之议决案》和《关于政治宣传运动的议决案》提出了具有鲜明的马克思主义色彩的政治革命主张。

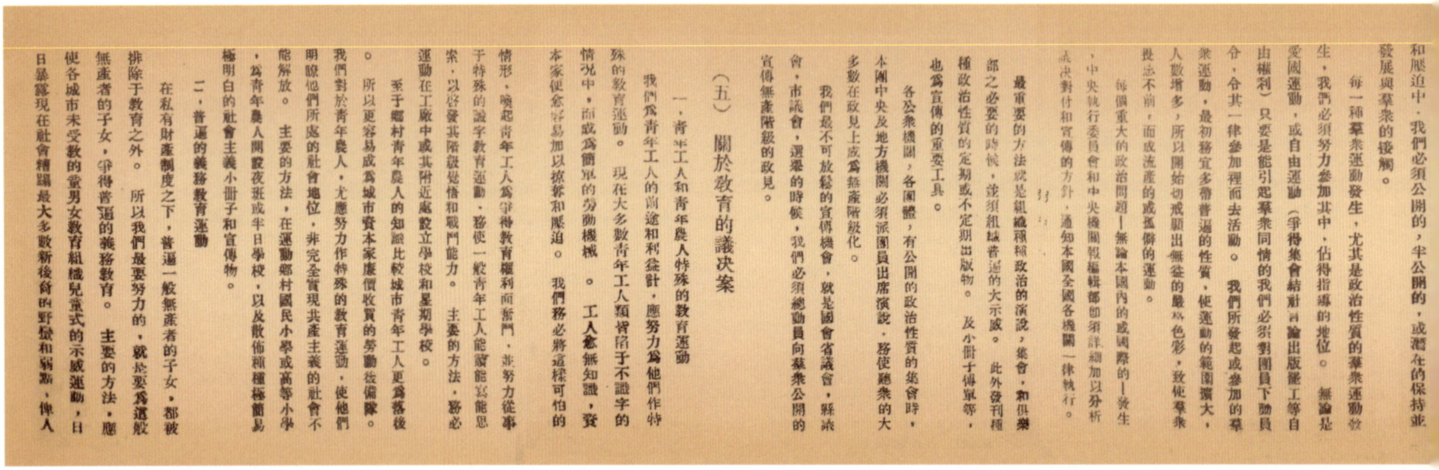
和壓迫中，我們必須公開的，半公開的，或潛在的保持並發展與羣衆的接觸。

每一種羣衆運動發生，尤其是政治性質的羣衆運動發生，我們必須努力參加其中，佔得指導的地位。無論是愛國運動，或自由運動（爭得集會結社言論出版罷工等自由權利）只要是能引起羣衆同情的我們必須對團員下動員令，令其一律參加裡面去活動。我們所發起或參加的羣衆運動，最初務宜多帶普遍的性質，使運動的範圍擴大，人數增多，所以開始切戒顯出無益的嚴格色彩，致使羣衆畏忌不前，而成流產的或孤僻的運動。

每個重大的政治問題—無論本國內的或國際的—發生，中央執行委員會和中央機關報編輯部卽須詳細加以分析議決對付和宣傳的方針，通知本國全國各機關一律執行。

最重要的方法就是組織種種政治的演說，集會，和俱樂部之必要的時候，並須組織普遍的大示威。此外發刊種種政治性質的定期或不定期出版物。及小冊子傳單等，也爲宣傳的重要工具。

各公衆機關，各團體，有公開的政治性質的集會時，本團中央及地方機關必須派團員出席演說，務使聽衆的大多數在政見上成爲無產階級化。

我們最不可放鬆的宣傳機會，就是國會省議會，縣議會，市議會，選舉的時候，我們必須總動員向羣衆公開的宣傳無產階級的政見。

（五）關於教育的議決案

一，青年工人和青年農人特殊的教育運動

我們爲青年工人的前途和利益計，應努力爲他們作特殊的教育運動。現在大多數青年工人類皆陷于不識字的情況中，而成爲簡單的勞動機械。工人愈無知識，資本家便愈容易加以掠奪和壓迫。我們務必將這樣可怕的情形，喚起青年工人爲爭得教育權利而奮鬥，並努力從事于特殊的識字教育運動，務使一般青年工人能讀能寫能思索，以啓發其階級覺悟和戰鬥能力。主要的方法，務必運動在工廠中或其附近處設立學校和星期學校。

至于鄉村青年農人的知識比較城市青年工人更爲落後。所以更容易成爲城市資本家廉價收買的勞動後備隊。我們對於青年農人，尤應努力作特殊的教育運動，使他們明瞭他們所處的社會地位，非完全實現共產主義的社會不能解放。主要的方法，在運動鄉村國民小學或高等小學，爲青年農人開設夜班或半日學校，以及散佈種種極簡易極明白的社會主義小冊子和宣傳物。

二，普遍的義務教育運動

在私有財產制度之下，普遍一般無產者的子女，都被排除于教育之外。所以我們最要努力的，就是要爲這般無產者的子女，爭得普遍的義務教育。主要的方法，應使各城市未受教的童男女教育組織兒童式的示威運動，日日暴露現在社會糟蹋最大多數新後裔的野蠻和弱點，俾人

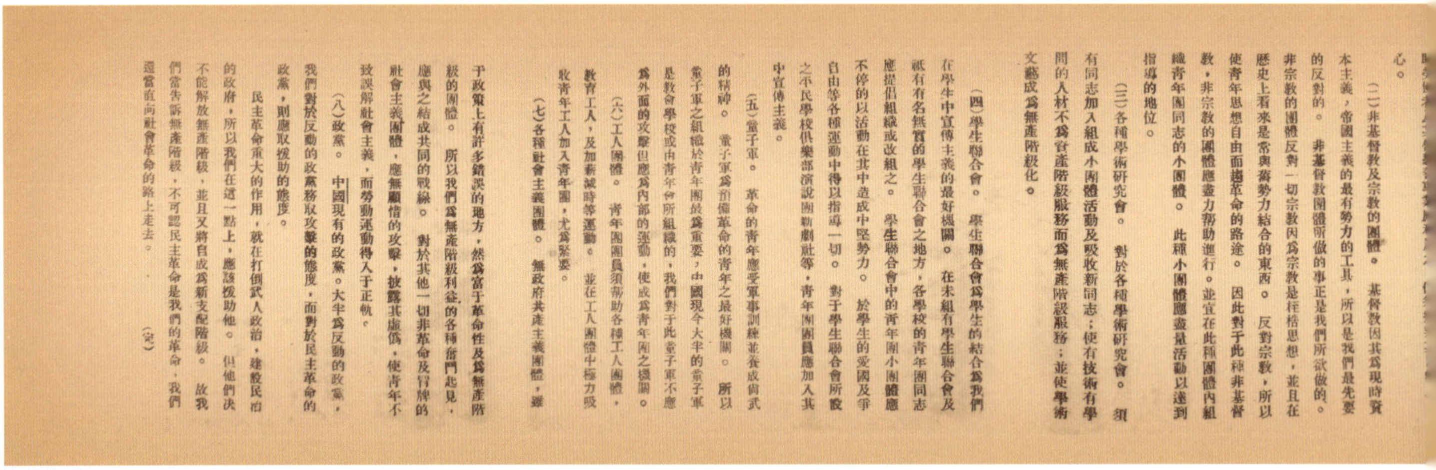
心。

（二）非基督教及宗教的團體。基督教因其爲現時資本主義，帝國主義的最有勢力的工具，所以是我們最先要的反對的。非基督教團體所做的事正是我們所欲做的。非宗教的團體反對一切宗教因爲宗教是桎梏思想，並且在歷史上看來是常與舊勢力結合的東西。反對宗教，所以使青年思想自由而趨革命的路途。因此對于此種非基督教，非宗教的團體應盡力帮助進行。並宜在此種團體內組織青年團同志的小團體。此種小團體應盡量活動以達到指導的地位。

（三）各種學術研究會。對於各種學術研究會。須有同志加入組成小團體活動及吸收新同志；使有技術有學問的人材不爲資產階級服務而爲無產階級服務；並使學術文藝成爲無產階級化。

（四）學生聯合會。學生聯合會爲學生的結合爲我們在學生中宣傳主義的最好機關。在未組有學生聯合會及祇有有名無實的學生聯合會之地方，各學校的青年團同志應提倡組織或改組之。學生聯合會中的青年團小團體應不停的以活動在其中造成中堅勢力。於學生的愛國及爭自由等各種運動中得以指導一切。對于學生聯合會所設之平民學校俱樂部演說團新劇社等，青年團團員應加入其中宣傳主義。

（五）童子軍。革命的青年應受軍事訓練並養成尙武的精神。童子軍爲預備革命的青年之最好機關。所以童子軍之組織於青年團最爲重要，中國現今大半的童子軍是教會學校或由青年會所組織的，我們對于此童子軍不應爲外面的攻擊但應爲內部的運動，使成爲青年團之機關。

（六）工人團體。青年團團員須帮助各種工人團體，教育工人，及加薪減時等運動。並在工人團體中極力吸收青年工人加入青年團，尤爲緊要。

（七）各種社會主義團體。無政府共產主義團體，雖于政策上有許多錯誤的地方，然爲富于革命性及爲無產階級的團體。所以我們爲無產階級利益的各種奮鬥起見，應與之結成共同的戰線。對於其他一切非革命及冒牌的社會主義團體，應無顧惜的攻擊，披露其虛僞，使青年不致誤解社會主義，而勞動運動得入于正軌。

（八）政黨。中國現有的政黨。大半爲反動的政黨，我們對於反動的政黨務取攻擊的態度，而對於民主革命的政黨，則應取援助的態度。

民主革命重大的作用，就在打倒武人政治，建設民治的政府，所以我們在這一點上，應該援助他。但他們決不能解放無產階級，並且又將自成爲新支配階級。故我們當告訴無產階級，不可認民主革命是我們的革命，我們還當直向社會革命的路上走去。（完）

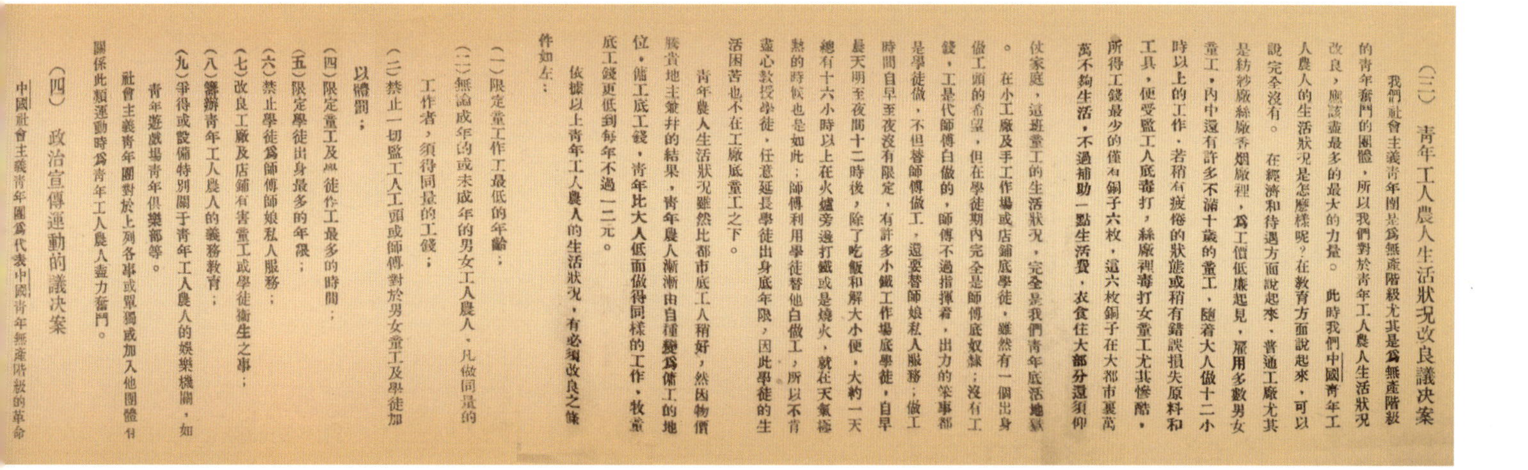

（三） 青年工人農人生活狀況改良議決案

我們社會主義青年團是爲無產階級尤其是爲無產階級的青年奮鬥的團體，所以我們對於青年工人農人生活狀況改良，應該盡最多的最大的力量。 此時我們中國青年工人農人的生活狀況是怎麼樣呢？在教育方面說起來，可以說完全沒有。 在經濟和待遇方面說起來，普通工廠尤其是紡紗廠絲廠香烟廠裡，爲工價低廉起見，雇用多數男女童工，內中還有許多不滿十歲的童工，隨着大人做十二小時以上的工作，若稍有疲倦的狀態或稍有錯誤損失原料和工具，便受監工人底毒打，絲廠裡毒打女童工尤其慘酷。所得工錢最少的僅有銅子六枚，這六枚銅子在大都市裏萬萬不夠生活，不過補助一點生活費，衣食住大部分還須仰仗家庭，這班童工的生活狀況，完全是我們青年底活地獄。 在小工廠及手工作場或店鋪底學徒，雖然有一個出身做工頭的希望，但在學徒期內完全是師傅底奴隸；沒有工錢，工是代師傅白做的，師傅不過指揮着，出力的笨事都是學徒做，不但替師傅做工，還要替師娘私人服務；做工時間自早至夜沒有限定，有許多小鐵工作場底學徒，自早晨天明至夜間十二時後，除了吃飯和解大小便，大約一天總有十六小時以上在火爐旁邊打鐵或是燒火，就在天氣極熱的時候也是如此；師傅利用學徒替他白做工，所以不肯盡心教授學徒，任意延長學徒出身底年限，因此學徒的生活困苦也不在工廠底童工之下。

青年農人生活狀況雖然比都市底工人稍好，然因物價騰貴地主兼并的結果，青年農人漸漸由自種變爲傭工的地位，傭工底工錢，青年比大人低而做得同樣的工作，牧童底工錢更低到每年不過一二元。

依據以上青年工人農人的生活狀況，有必須改良之條件如左：

（一）限定童工作工最低的年齡；
（二）無論成年的或未成年的男女工人農人，凡做同量的工作者，須得同量的工錢；
（三）禁止一切監工人工頭或師傅對於男女童工及學徒加以體罰；
（四）限定童工及學徒作工最多的時間；
（五）限定學徒出身最多的年限；
（六）禁止學徒爲師傅師娘私人服務；
（七）改良工廠及店鋪有害童工或學徒衛生之事；
（八）籌辦青年工人農人的義務教育；
（九）爭得或設備特別關于青年工人農人的娛樂機關，如青年遊戲場青年俱樂部等。

社會主義青年團對於上列各事或單獨或加入他團體有關係此類運動時爲青年工人農人盡力奮鬥。

（四） 政治宣傳運動的議決案

中國社會主義青年團爲代表中國青年無產階級的革命

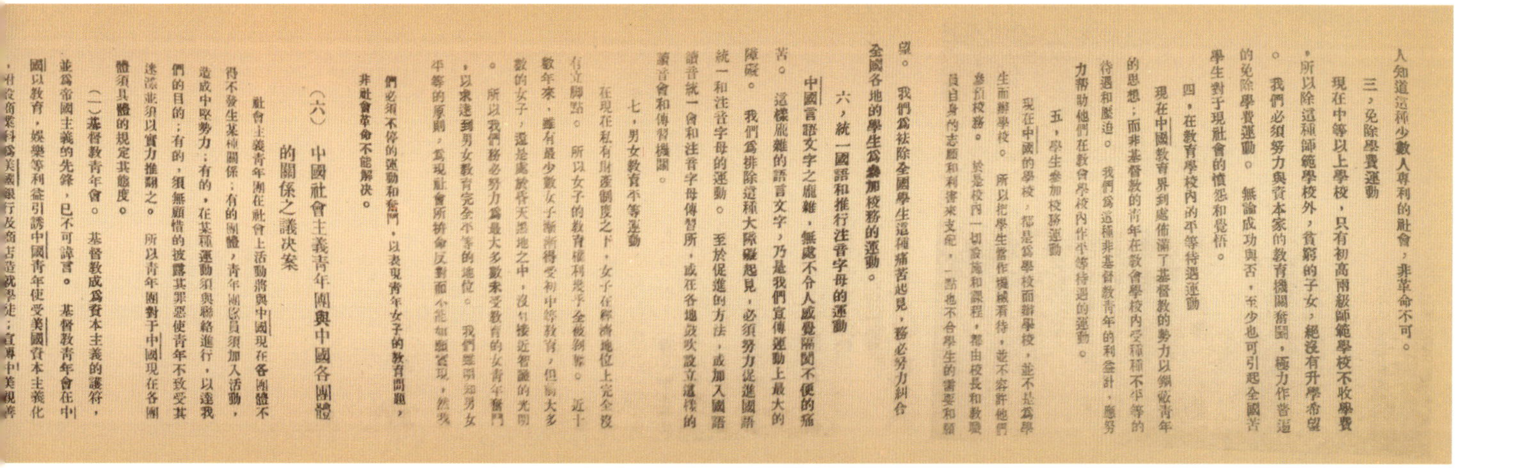

人知道這種少數人專利的社會，非革命不可。

三，免除學費運動

現在中等以上學校，只有初高兩級師範學校不收學費，所以除這種師範學校外，貧窮的子女，絕沒有升學希望。 我們必須努力與資本家的教育機關奮鬥，極力作普遍的免除學費運動。 無論成功與否，至少也可引起全國苦學生對于現社會的憤怨和覺悟。

四，在教育學校內的平等待遇運動

現在中國教育界到處佈滿了基督教的勢力以錮蔽青年的思想；而非基督教的青年在教會學校內受種種不平等的待遇和壓迫。 我們爲這種非基督教青年的利益計，應努力幫助他們在教會學校內作平等待遇的運動。

五，學生參加校務運動

現在中國的學校，都是爲學校而辦學校，並不是爲學生而辦學校。 所以把學生當作機械看待，並不容許他們參預校務。 於是校內一切設施和課程，都由校長和教職員自身的志願和利害來支配，一點也不合學生的需要和願望。 我們爲祛除全國學生這種痛苦起見，務必努力糾合全國各地的學生爲參加校務的運動。

六，統一國語和推行注音字母的運動

中國言語文字之龐雜，無處不令人感覺隔閡不便的痛苦。 這樣龐雜的語言文字，乃是我們宣傳運動上最大的障礙。 我們爲排除這種大障礙起見，必須努力促進國語統一和注音字母的運動。 至於促進的方法，或加入國語讀音統一會和注音字母傳習所，或在各地鼓吹設立這樣的讀音會和傳習機關。

七，男女教育平等運動

在現在私有財產制度之下，女子在經濟地位上完全沒有立腳點。 所以女子的教育權利幾乎全被剝奪。 近十數年來，雖有最少數女子漸漸得受初中等教育，但占大多數的女子，還是處於昏天黑地之中，沒有接近智識的光明。 所以我們務必努力爲最大多數未受教育的女青年奮鬥，以求達到男女教育完全平等的地位。 我們要明知男女平等的原則，爲現社會所拚命反對而不能如願實現，然我們必須不停的運動和奮鬥，以表現青年女子的教育問題，非社會革命不能解決。

（六） 中國社會主義青年團與中國各團體的關係之議決案

社會主義青年團在社會上活動將與中國現在各團體不得不發生某種關係；有的團體，青年團隊員須加入活動，造成中堅勢力；有的，在某種運動須與聯絡進行，以達我們的目的；有的，須無顧惜的披露其罪惡使青年不致受其迷惑並須以實力推翻之。 所以青年團對于中國現在各團體須具體的規定其態度。

（一）基督教青年會。 基督教成爲資本主義的護符，並爲帝國主義的先鋒，已不可諱言。 基督教青年會在中國以教育，娛樂等利益引誘中國青年使受美國資本主義化，并設商業科爲美國銀行及商店造就學徒；宣專中美親善

■ 《青年工人农人生活状况改良的议决案》、《关于政治宣传运动的议决案》、《关于教育运动的议决案》、《中国社会主义青年团与中国各团体的关系之议决案》（原载《先驱》第八号　1922年5月15日出版）

青年工人农人生活状况改良的议决案

（1922年5月中国社会主义青年团第一次全国代表大会通过）

我们社会主义青年团是为无产阶级尤其是为无产阶级的青年奋斗的团体，所以我们对于青年工人农人生活状况改良，应该尽最多最大的力量。此时我们中国青年工人农人的生活状况是怎么样呢？在教育方面说起来，可以说完全没有。在经济和待遇方面说起来，普通工厂尤其是纺纱厂、丝厂、香烟厂、煤矿里为工价低廉起见，雇用多数男女童工，内中还有许多不满十岁的童工，随着大人做十二小时以上的工作，若稍有疲倦的状态或稍有错误，损失原料和工具，便受监工人的毒打。丝厂里毒打女童工尤其残酷。所得工钱最少的仅有铜子六枚，这六枚铜子在大都市里万万不够生活，不过补助一点生活费，衣食住大部分还须仰仗家庭。这班童工的生活状况，完全是我们青年底活地狱。在小工厂及手工作场或店铺底学徒，虽然有一个出身做小工头的希望，但在学徒期内完全是师傅底奴隶：没有工钱，工是代师傅白做的，师傅不过指挥着，出力的笨事都是学徒做；不但替师傅做工，还要替师娘私人服务。做工时间自早至夜没有限定，有许多小铁工作场底学徒，自早晨天明至夜间十二时后，除了吃饭和解大小便，大约一天总有十六小时以上在火炉旁边打铁或是烧火，就在天气极热的时候也是如此。师傅利用学徒替他白做工，所以不肯尽心教授学徒，任意延长学徒出身底年限。因此学徒的生活困苦也不在工厂底童工之下。

青年农人生活状况虽然比都市底工人稍好，然因物价腾贵、地主兼并的结果，青年农人渐渐之由自种变为佣工的地位。佣工底工钱，青年比大人低，而做同样的工作，牧童底工钱更低到每年不过一二元。

依据以上青年工人农人的生活状况，有必须改良之条件如下：

（一）限定童工作工最低的年龄；

（二）无论成年或未成年的男女工人农人，凡做同量的工作者，须得同量的工钱；

（三）禁止一切监工人、工头或师傅对于男女童工及学徒加以体罚；

（四）限定童工及学徒作工最多的时间；

（五）限定学徒出身最多的年限；

（六）禁止学徒为师傅师娘私人服务；

（七）改良工厂及店铺有害童工或学徒卫生之事；

（八）筹办青年工人农人的义务教育；

（九）争得或设备特别关于青年工人农人的娱乐机关，如青年游戏场、青年俱乐部等。

社会主义青年团对于上列各事，或单独，或加入他团体有关系此类运动时，为青年工人农人尽力奋斗。

（原载《先驱》第八号　1922年5月15日出版）

关于政治宣传运动的议决案

（1922年5月中国社会主义青年团第一次全国代表大会通过）

中国社会主义青年团为代表中国青年无产阶级的革命团体，所以他的生命在不停的实际活动上面，而不在坐以论道或空谈主义的上面。

在社会革命未实现以前，我们必须以不停的活动，引起并指挥种种政治性质的群众运动。无论在任何困难和压迫中，我们必须公开的、半公开的，或潜在的保持并发展与群众的接触。

每一种群众运动发生，尤其是政治性质的群众运动发生，我们必须努力参加其中，占得指导的地位。无论是爱国运动，或自由运动（争得集会、结社、言论、出版、罢工等自由权利），只要是能引起群众同情的，我们必须对团员下动员令，一律参加到里面去活动。

我们所发起或参加的群众运动，最初务宜多带普遍的性质，使运动的范围扩大，人数增加。所以开始切戒显出无益的严格色彩，致使群众畏忌不前，而成流产的或孤僻的运动。

每个重大的政治问题——无论是国内的或国际的——发生，中央执行委员会和中央机关报编辑部即须详细加以分析，议决对付和宣传的方针，通知本团全国各机关一律执行。最重要的方法，就是组织种种政治的演说、集会和俱乐部；在必要的时候并须组织普遍的大示威。此外发刊种种定期或不定期的出版物及小册子、传单等，亦为宣传的重要工具。

各公众机关各团体有公开的政治性质的集会时，本团中央及地方机关必须派人出席演说，务使听众的大多数在政见上，成为无产阶级化。

我们最不可放松的宣传机会，就是国会、省议会、县议会、市议会选举的时候，我们必须总动员向群众公开的宣传无产阶级的政见。

（原载《先驱》第八号　1922年5月15日出版）

关于教育运动的议决案

（1922年5月中国社会主义青年团第一次全国代表大会通过）

一、青年工人和农人特殊教育的运动

现在中国大多数青年工人类皆陷于无知的状态之中，而成为简单的劳动机械。工人愈无知识，资本家便愈容易加以掠夺和压迫。我们务必将这样可怕的情形，唤起青年工人为争得教育权利而奋斗，并努力从事于识字教育和阶级争斗的教育运动，普遍的启发一般青年工人的阶级觉悟和争斗能力。

至于乡村青年农人的知识状态，比较城市青年工人更为落后。所以更容易成为城市资本家廉价收买和容易驯服的劳动后备队。故我们对于青年农人，尤应努力作特殊的教育运动，并使一般稍有财产的农人子弟，明了他们现在所处的经济地位——被资本主义压迫、崩坏的经济地位——之危险，非完全实现共产主义的社会不能解决。

二、普遍的义务教育和免除学费的运动

在私有财产制之下，普遍一般无产者的子女，都被排除于教育之外，所以我们在教育运动上最要努力的就是要为他们争得普遍的义务教育。我们务宜常常在各大城市指导贫穷不得受教育的儿童组织示威运动，以暴露现社会的野蛮和弱点，俾人人知道这样少数人专利的社会，非革命不可。

现在中国中等和高等的教育只有初级师范和高等师范不收学膳费。除这两种学校外，贫穷子女绝无升学机会。我们为代表贫穷学生的利益计，应为他们努力作免除学费的运动，常常与资本家的教育机关争斗。无论成功与否，至少也可引起全国贫穷学生对于现社会的愤恨和觉悟。

三、男女教育平等运动

在现制度下，女子在经济地位上完全没有立脚地，所以女子的教育权利，几乎全被剥夺。近十余年以来，虽有最少数女子渐渐得受初中级教育，但最大多数的女子还是处于昏天黑地之中，没有机会接迎智识的光明。所以我们务必努力为这样最大多数未受教育的女青年奋斗，以求达到男女教育在同一的水平上面。我们虽明知这样男女教育平等的原则，为私有财产制的社会所不能实现，但我们应不停的标揭这种目标去运动，去奋斗，以表现几万万女青年的教育问题，非社会革命不能解决。

四、学生参加校务运动

现在中国的学校都是为学校而办学校，并不是为学生而办学校。所以把学生当作机械看待，绝不容许学生参预校务。故校内一切设施和课程，都由校长、教职员自身的志愿和利害来支配，一点也不合于学生的需要和愿望。我们为代表全国青年学生的利益起见，应努力为他们打破这种官僚式、或牢狱式的学校制度，纠合各地方和全国学生作种种要求参加校务的运动。

五、非基督教学生在基督教学校内的平等待遇运动

现在中国教育界到处布满了基督教的势力，以锢蔽青年的思想。而非基督教的青年学生在教会学校里面，常受种种不平等的待遇和压迫，我们为非基督青年学生的利益计，应努力帮助他们在教会学校里面作平等待遇的运动，务使教会学校威胁利诱的假面具，尽情毕露而排除其势力于教育范围之外。

六、统一国语和推行注音字母的运动

中国语言文字之庞杂，无非令人感着隔阂不便的痛苦。这样庞杂的语文实是我们宣传运动的最大障碍。我们为排除这样重大的障碍起见，必须努力促进国语统一和推行注音字母的运动。至于促进方法，或加入国语读音统一会和注音字母传习所，或在各地方鼓吹广设这类传习机关，及在各学校中，增加这门功课。

（原载《先驱》第八号　1922年5月15日出版）

中国社会主义青年团与中国各团体的关系之议决案

（1922年5月中国社会主义青年团第一次全国代表大会通过）

社会主义青年团在社会上活动，将与中国现在各团体不得不发生某种关系：有的团体，青年团团员须加入活动，造成中坚势力；有的，在某种运动须与联络进行，以达我们的目的；有的，须无顾惜的披露其罪恶，使青年不致受其迷蒙，并须以实力推翻之。所以青年团对于中国现存各团体须具体的规定其态度。

（一）基督教青年会——基督教成为资本主义的护符，并为帝国主义的先锋，已不可讳言。基督教青年会，在中国以教育、娱乐等利益引诱中国青年使受美国资本主义化。附设商业科为美国银行及商店造就学徒；宣传中美亲善为美国资本家推广市场。青年会之与中国旧势力结合，又可于彼之与中国官僚互相笼络中见之。所以对于此种团体须用言辞及文字的宣传披露其罪恶，使青年不致受其愚蒙沾染资本主义之毒。于其所设立之义务学校及一切援助劳动者及其他慈善事业，应利用之，但须揭穿其目的及用心。

（二）非基督教及非宗教团体——基督教因其为现时资本主义、帝国主义的最有势力的工具，所以是我们所必然要反对的。非基督教团体所做的事正是我们所欲做的。非宗教的团体反对一切宗教，因为宗教是桎梏思想，并且在历史上看来是常与旧势力结合的东西。反对宗教，使青年思想自由而趋于革命的路途。因此对于此种非基督教、非宗教的团体应尽力帮助进行。并宜在此种团体内组织青年团同志的小团体；此种小团体应尽量活动以达到指导的地位。

（三）各种学术研究会——对于各种学术研究会，须有同志加入组成小团体活动及吸收新同志；使有技术有学问的人材，不为资产阶级服务而为无产阶级服务；并使学术文艺成为无产阶级化。

（四）学生联合会——学生联合会为学生的结合，为我们在学生中宣传主义的最好场合。在未组有学生联合会及只有有名无实的学生联合会之地方，各学校的青年团同志应提倡组织，或改组之。学生联合会中的青年团体应不停的以活动在其中造成中坚势力，于学生的爱国及争自由等各种运动中得以指导一切。对于学生联合会所设立之平民学校、俱乐部、演讲团、新剧社等，青年团团员应加入其中宣传主义。

（五）童子军——革命的青年应受军事的训练，并养成尚武的精神，童子军为预备革命的青年之最好机关。所以童子军之组织于青年团最为重要。中国现今大半的童子军是教会学校或由青年会所组织的，我们对于此种童子军不应为外面的攻击而应为内部的运动，使成为青年团之机关。

（六）工人团体——青年团团员须帮助各种工人团体教育工人，并努力援助一切加薪减时等运动，并在工人团体中极力吸收青年工人加入青年团。

（七）各种社会主义团体——无政府共产主义团体虽于政策上有许多错误的地方，然为富于革命性及为无产阶级的团体。所以我们为无产阶级利益的各种奋斗起见，应与之结成共同的战线。对于其他一切非革命及冒牌的社会主义团体，应无顾惜的攻击，披露其虚伪，使青年不致误解社会主义，而劳动运动得入于正轨。

（八）政党——中国现有的政党，大都为反动的政党。我们对于反动的政党务取攻击的态度，而对于民主革命的政党，则应取援助的态度。

民主革命重大的作用，就在打倒武人政治，建设民治的政府，所以我们在这一点上应该援助他。但他决不能解放无产阶级，并且又将自成为新支配阶级，故我们当告诉无产阶级，不可认民主的革命为我们的革命，我们当努力向社会革命的路上走去。

（原载《先驱》第八号　1922年5月15日出版）

【团中央组织机构】

这首交响曲的第三乐章，洋溢着通过民主选举产生团中央的喜悦。大会先由到会的每位代表各提出一名候补（选）人，再对候补（选）人进行无记名投票，过半数者当选，结果选出了中国社会主义青年团第一届中央执行委员会（简称团中央执委会）。高君宇、施存统、张太雷、蔡和森、俞秀松当选为团中央执委会委员，施存统被推选为书记；冯菊坡、林育南、张秋人当选为团中央执委会候补委员。

■ 第一届团中央执行委员会委员，上排左起高君宇、施存统、张太雷，下排左起蔡和森、俞秀松。

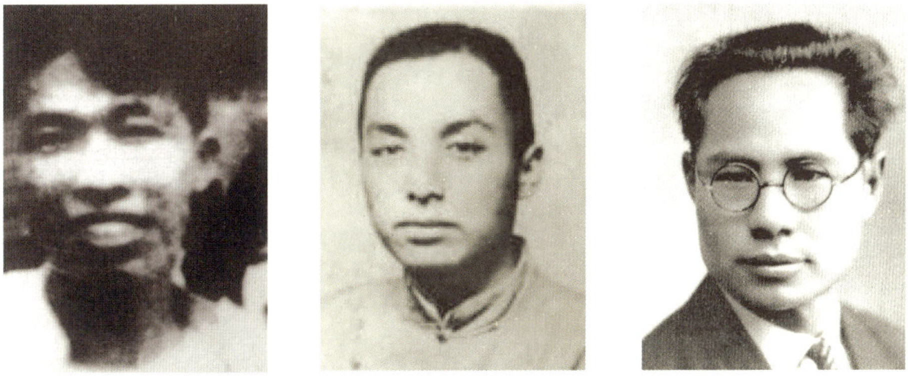

■ 第一届团中央执行委员会候补委员，左起冯菊坡、林育南、张秋人。

团一大还议决中国社会主义青年团加入青年共产国际，成为它的一个支部。在《青年国际给中国社会主义青年团书》中，青年共产国际提到："青年团最初一期分子非常复杂，往往混乱团体的阶级性。你们毅然反对此等分子因此而益巩固，做得非常恰当。到你们第一次全国大会时，你们此种肃清团体的工作，大致完成。你们那次大会的最大意义在于以决定革命的政纲（纲领）为方法，拒绝一切与共产主义绝无渊源的分子。"从此，青年团就成为中国共产党领导下的具有统一思想的战斗组织和中国青年运动的核心。

至此，团一大完成了预定的任务，表明中国社会主义青年团组织创建工作的最后完成。

中央自用

中国社会主义青年团中央执行委员会细则

(1) 本委员会由全国大会选出委员五人组成，在全国大会闭会期间，为全国最高机关。

(2) 本委员会主要工作分为三部：

书记部——掌理组织、财政、搜集报告、发给通告等事。

经济部——掌理调查改良青年工人农人经济状况等事。

宣传部——掌理教育及政治的工作，主义宣传、出版等事。

(3) 本委员会互选书记一人，总理团务，并对外代表全团，全委员会开会时为主席。

(4) 本委员会互选经济部、宣传部主任各一人，主持该部事务。

(5) 书记、经济、宣传三部以外的特别事务，本委员会于临时决定委员担任或共同担任。

(6) 本委员会于必要时，得随时委派团员襄助进行。

(7) 书记、经济部主任、宣传部主任以外之二委员，应该在各部任事，但由本委员会特派在外或有特别使命者不在此限。

(8) 本委员会委员因故不[illegible]时，须[illegible]候补委员补充之。

(9) 本委员会所在地，至少须有委员三人。

(10) 本委员会议决案件，至少须有委员三人同意，方能有效。

(11) 本委员会须每星期开会一次，[illegible]讨论进行事宜，遇必要时，得召集临时会议。

(12) 本委员会一切事务，须由全体委员共同负责。

■ 中国社会主义青年团中央执行委员会细则

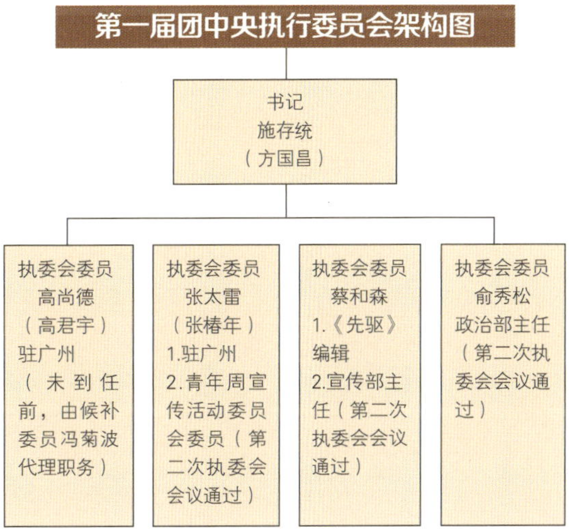

【媒体报道】

团一大的胜利召开，使中国社会主义青年团实现了思想上、组织上的统一，成为纲领明确的全国性先进青年组织，“猛志逸四海，骞翮思远翥”。

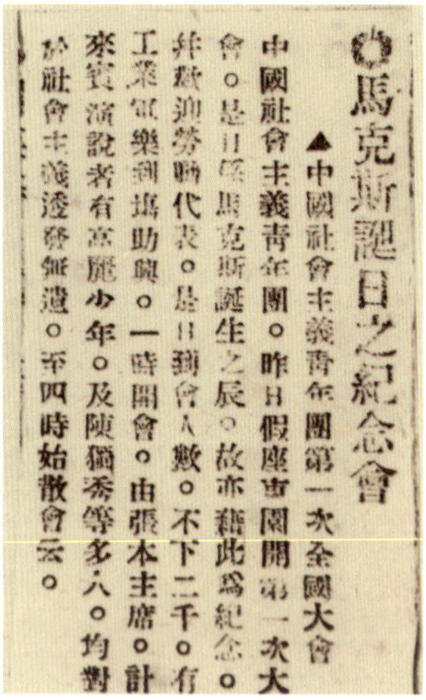
◎馬克斯誕日之紀念會

▲中國社會主義青年團第一次全國大會

中國社會主義青年團。昨日假座東園開第一次大會。是日係馬克斯誕生之辰。故亦藉此為紀念。幷歡迎勞働代表。是日到會人數。不下二千。有工業軍樂到場助興。一時開會。由張本主席。計來賓演說者有高麗少年。及陳獨秀等多人。均對於社會主義發揮無遺。至四時始散會云。

■ 1922年5月8日，《广东群报》第6页对中国社会主义青年团第一次全国大会的报道。

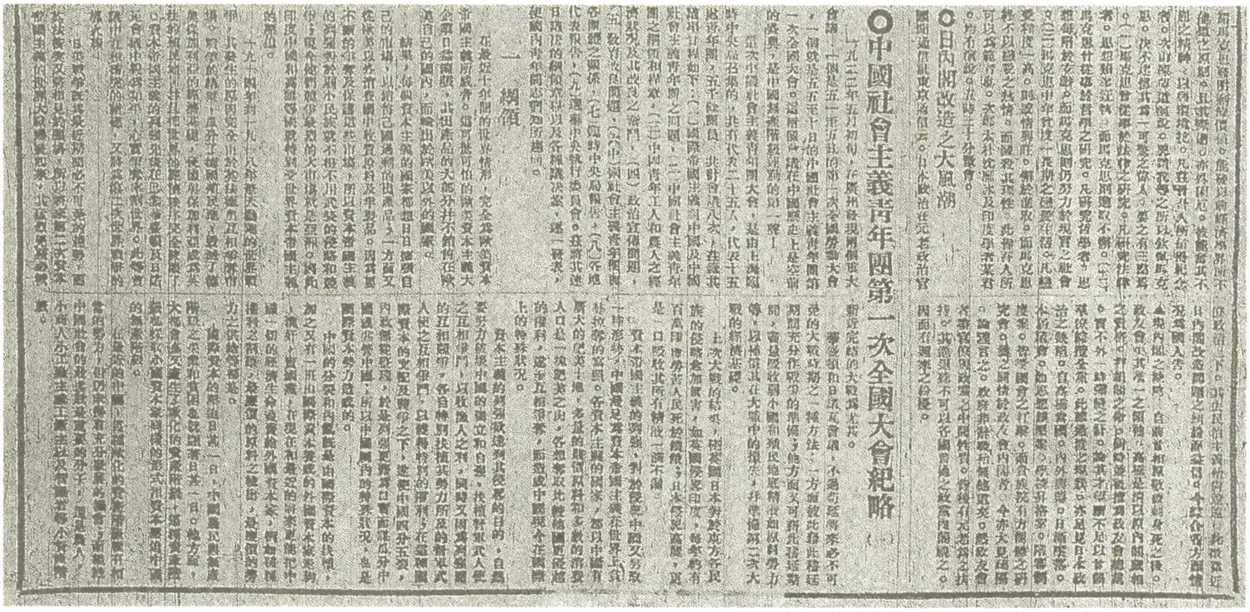
◎中國社會主義青年團第一次全國大會紀略（一）

■ 1922年5月15日，《广东群报》刊登的《中国社会主义青年团第一次全国大会纪略》。

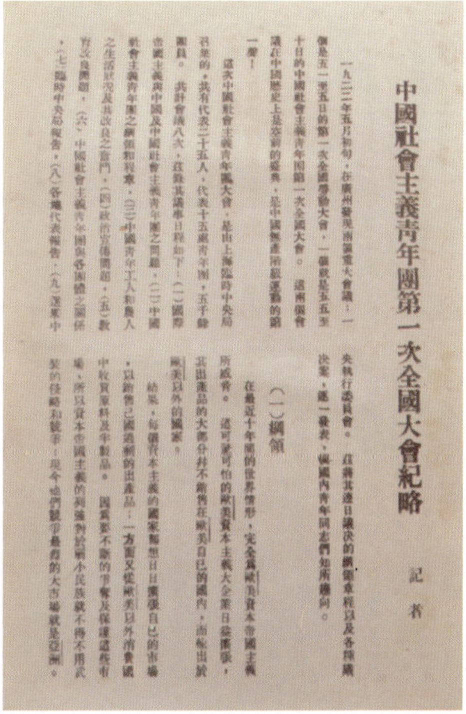

中國社會主義青年團第一次全國大會紀略

記者

一九二二年五月初旬，在廣州發現兩個重大會議：一個是五一至五日的第一次全國勞動大會，一個就是五五至十日的中國社會主義青年團第一次全國大會。這兩個會議在中國歷史上是空前的盛典，是中國無產階級運動的第一聲！

這次中國社會主義青年團大會，是由上海臨時中央局召集的，共有代表二十五人，代表十五處青年團，五千餘團員。共計會議八次，茲錄其議事日程如下：(一)國際帝國主義與中國及中國社會主義青年團之問題，(二)中國社會主義青年團之綱領和規章，(三)中國青年工人和農人之生活狀況及其改良之奮鬥，(四)政治宣傳問題，(五)教育改良問題，(六)中國社會主義青年團與各國團體之關係，(七)臨時中央局報告，(八)各地代表報告，(九)選舉中央執行委員會。茲將其逐日議決的綱領章程以及各種議決案，逐一發表，俾國內青年同志們知所趨向。

(一)綱領

在最近十年間的世界情形，完全爲歐美資本帝國主義所威脅。這可驚可怕的歐美資本主義大企業日益擴張，其出產品的大部分并不能售在歐美自己的國內，而輸出於歐美以外的國家。

結果，每個資本主義的國家都想日日擴張自己的市場，以銷售已國過剩的出產品；一方面又從歐美以外消費國中收買原料及半製品。因爲要不斷的爭奪及保護這些市場，所以資本帝國主義的列強對於弱小民族就不得不用武裝的侵略和競爭；現今他們競爭最烈的大市場就是亞洲。

■ 团一大后，党中央机关刊物《新青年》第九卷十六号刊载的《中国社会主义青年团第一次全国大会纪略》。

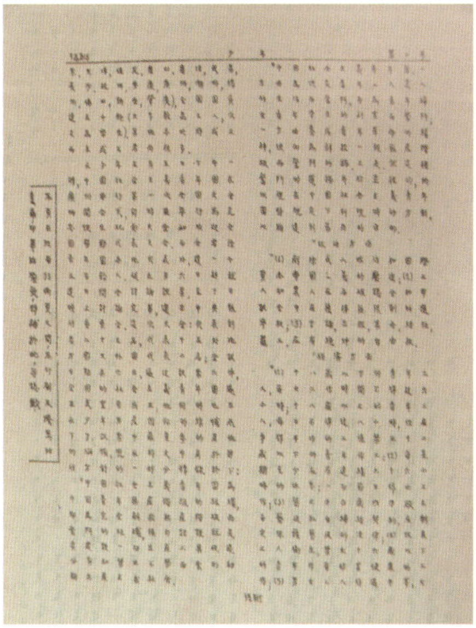

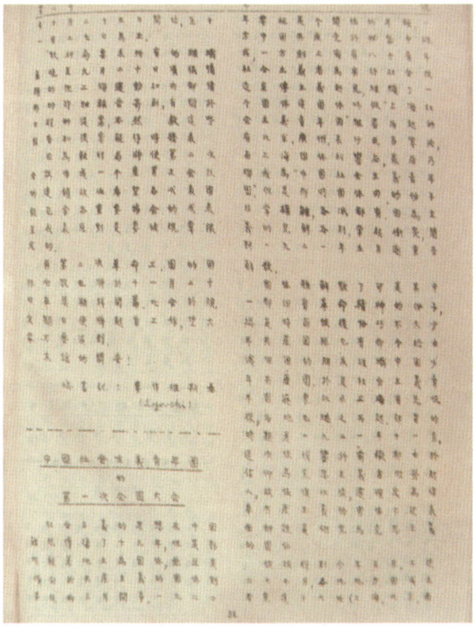

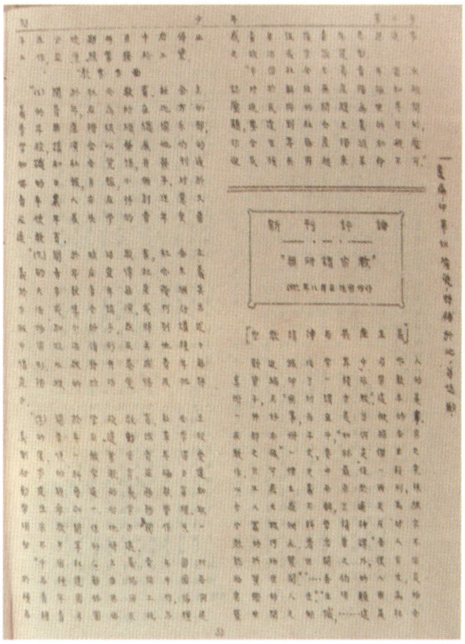

■ 《少年》第二期刊登《中国社会主义青年团的第一次全国大会》

第四章

青运开新篇 潇洒送日月

“白日一照，浮云自开。”神州大地，军阀混战，风雨如磐，云诡波谲。中国共产党如初升的太阳拨开浮云迷雾，为中国社会主义青年团工作和中国青年运动指明正确的发展方向。团一大闭幕后，中共中央或发出文件指导各地党组织加强青年团工作，或与团中央联合发出文件指导青年团工作。陈独秀给共产国际的报告中介绍了中国社会主义青年团开展的工作。1922年7月，中共二大制定了反帝反封建的民主革命纲领，正式确立了建立民主联合战线的方针。1923年6月，中共三大决定全体共产党员以个人名义加入国民党。党的二大、三大都做出了关于青年运动的决议案。

“一朝沟陇出，看取拂云飞。”团中央执委会频频召开会议，大力加强团的思想建设和组织建设，建立和健全统一的工作制度，发展壮大团员队伍，配合党开展工农运动和学生运动，贯彻落实团一大精神，如矫健的骏马在革命征程上一往无前。声援上海工人罢工、声援京汉铁路工人、抗议反动军阀、双十节学生举行反帝大示威……这些汇成了中国青年运动新的壮丽画卷。

“花迎喜气皆知笑，鸟识欢心亦解歌。”就在国内的先进青年在中国共产党的领导下组建中国社会主义青年团的时候，周恩来、赵世炎等一批到欧洲找寻中国革命真理的青年人也在塞纳河畔开始建立旅欧青年团组织的工作。他们得知国内已经正式建团，立即欣然写信给团中央执委会，声明“愿附属于国内青年团，为其旅欧之部”。经团中央执委会批准，中国社会主义青年团旅欧之部于1923年2月正式成立。海外赤子，情怀豪迈，在共产主义的统一旗帜之下昂首阔步。

壹 高举旗帜紧跟党走 党有号召团有行动

中国社会主义青年团的航船，从东园启航，迎着历史的狂风暴雨奋勇前进。中国共产党始终关注着这艘航船，指引着这艘航船。

团一大后，中共中央局派出领导或代表参加团中央执委会议直接指导青年团工作，或与团中央联合发出文件指导青年团工作，为青年团工作和中国青年运动指明了正确的发展方向。

【团中央41次执委会会议记录】

中共中央局极为重视加强对青年团的领导和指导。团中央执委会41次会议记录了中共中央局领导陈独秀和张国焘各参加了2次会议，派出中央代表毛泽东、蔡和森、高君宇先后11次参加会议。同时，中共中央局也决定，青年团中央执委会派出代表参加党的代表大会，直接领会党的意图以便于带领团员青年跟党走。1922年7月和1923年5月团中央执委会先后推举施存统、张太雷出席党的二大和三大。

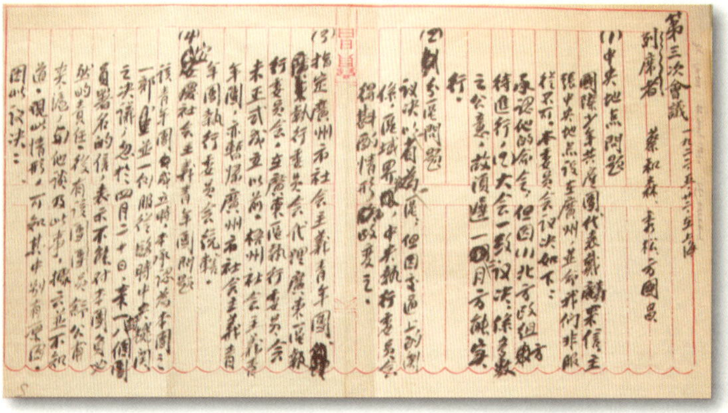

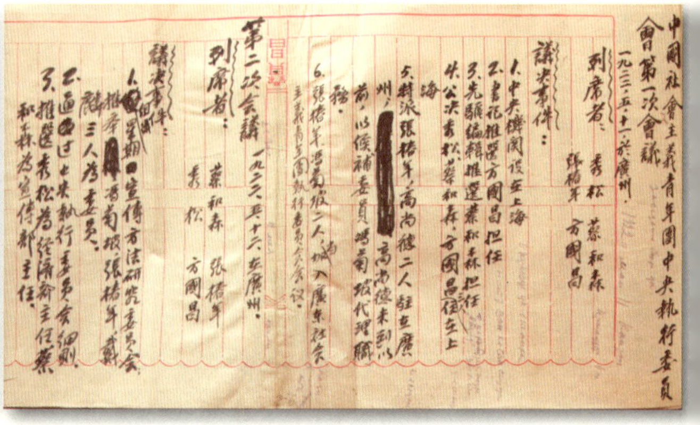

■ 团中央执委会41次会议会议记录。全文可参阅《党的文献》2012年第1期《中国社会主义青年团一大及其筹备会议和第一届团中央执委会会议记录（一九二二年五月——一九二三年八月）》。

【中共二大】

团一大的欢呼声散去的第二个月，1922年7月16日至23日，中国共产党在上海召开具有重大历史意义的第二次全国代表大会，第一次正式制定了旗帜鲜明的反帝反封建的民主革命纲领，明确发出了建立民主联合战线的伟大号召，如春雷般响彻华夏大地，吹拂着谆谆教诲、殷殷期望的春风。中共二大通过的《关于少年运动问题的决议案》指出：“中国少年运动的先锋，他不但要在共产主义与少年国际领导之下为了少年劳动者经济和文化利益而奋斗，将他们组成了无产阶级革命的少年军旅，他同时要联络中国一切被压迫的少年们的革命势力在一条民主革命的联合战线上，引导他们做打倒帝国主义和封建势力的奋斗。”

■ 中共二大会址

史海聆潮

中共二大关于党团关系的规定

《关于少年运动问题的决议案》，首次对中国共产党与青年团的关系作了较为明确的规定：

◎关于中国社会主义青年团对中国共产党的关系，在青年劳动者一切经济和教育利益奋斗的方面，中国社会主义青年团应是个独立的团体；关于普通政治运动方面，中国社会主义青年团则应当约束他与中国共产党协定之下。

◎为了促进两团结〔体〕关系的密切和协谋各种运动的顺利起见，大会认为两团体在各级组织中有互派代表的必要。

【团中央执委会第十七号通告】

1922年9月，经中共中央与青年团中央联席会议研究，明确了处理党、团关系的原则。为此，团中央执行委员会于9月6日发出题为《本团与中国共产党之关系》的第十七号通告。通告接受中共二大决议案阐述的党团关系基本原则：“在政治方面，社会主义青年团须完全服从共产党底主张，在其他一切为青年利益而奋斗的方面，社会主义青年团应是一个独立的团体。”决定此后两团体的关系为：“（1）除了政治上的主张须与中国共产党协定以外，社会主义青年团有完全自主之权。（2）两团体各级执行委员会会议，得互派有表决权之代表一名出席。”

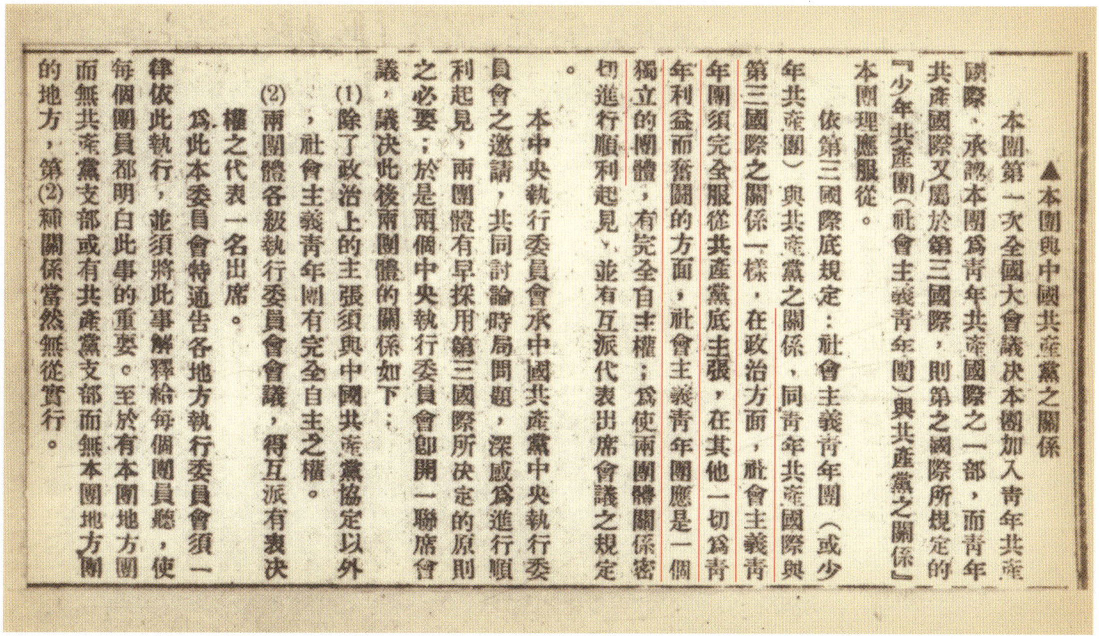

▲本團與中國共產黨之關係

本團第一次全國大會議決本團加入青年共產國際，承認本團爲青年共產國際之一部，而青年共產國際又屬於第三國際，則第之國際所規定的『少年共產團(社會主義青年團)與共產黨之關係』本團理應服從。

依第三國際底規定：社會主義青年團（或少年共產團）與共產黨之關係，同青年共產國際與第三國際之關係一樣，在政治方面，社會主義青年團須完全服從共產黨底主張，在其他一切爲青年利益而奮鬥的方面，社會主義青年團應是一個獨立的團體，有完全自主權；爲使兩團體關係密切進行順利起見，並有互派代表出席會議之規定。

本中央執行委員會承中國共產黨中央執行委員會之邀請，共同討論時局問題，深感爲進行順利起見，兩團體有早採用第三國際所決定的原則之必要；於是兩個中央執行委員會即開一聯席會議，議決此後兩團體的關係如下：

(1)除了政治上的主張須與中國共產黨協定以外，社會主義青年團有完全自主之權。

(2)兩團體各級執行委員會會議，得互派有表決權之代表一名出席。

爲此本委員會特通告各地方執行委員會須一律依此執行，並須將此事解釋給每個團員聽，使每個團員都明白此事的重要。至於有本團地方團而無共產黨支部或有共產黨支部而無本團地方團的地方，第(2)種關係當然無從實行。

■ 1922年9月6日，团中央执委会发布的第十七号通告《本团与中国共产党之关系》。

【中共三大】

“乱石穿空，惊涛拍岸，卷起千堆雪”正是大革命的形象写照。而其开端是1923年6月在广州召开的中共三大。随着国内革命形势的日益高涨，党的三大决定全体共产党员以个人名义加入国民党，建立国共合作革命统一战线，促成了第一次国共合作的实现，使共产党活动的政治舞台迅速扩大，加速了中国革命的步伐，为波澜壮阔的大革命作了准备。这是中国共产党在民主革命时期召开的一次具有深远历史意义的大会。中共三大也作出了关于青年运动的决议案。决议案中，回荡着战鼓声声，展示着红旗猎猎：“第三次大会认青年运动为本党重要工作之一，所以对于社会主义青年团应极力加以组织上指导上之援助。”“社会主义青年团应根据本党第三次大会关于国民运动与国民党之议决案极力参加国民运动。”

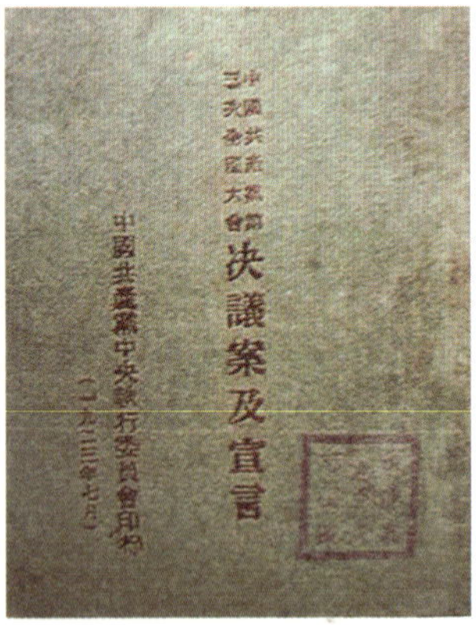

■ 中国共产党第三次全国代表大会决议案及宣言封面

■ 中共三大模拟会场

【团二大】

1923年8月，团的二大承认并接受党的“指导及帮助”，对于中共三大决议，“本团愿努力协同中国共产党诚实执行”，并专门作出《本团与中国共产党之关系的决议案》，决定“本团与中国共产党的关系完全依照共产国际第三次大会‘关于共产国际与共产少年运动决议案’第五节之规定”，即组织上独立，政策上完全服从共产党。党团关系由以前的“协定”明确改为团对党政治上的“服从”。至此，中国共产党与青年团的关系初步定型。

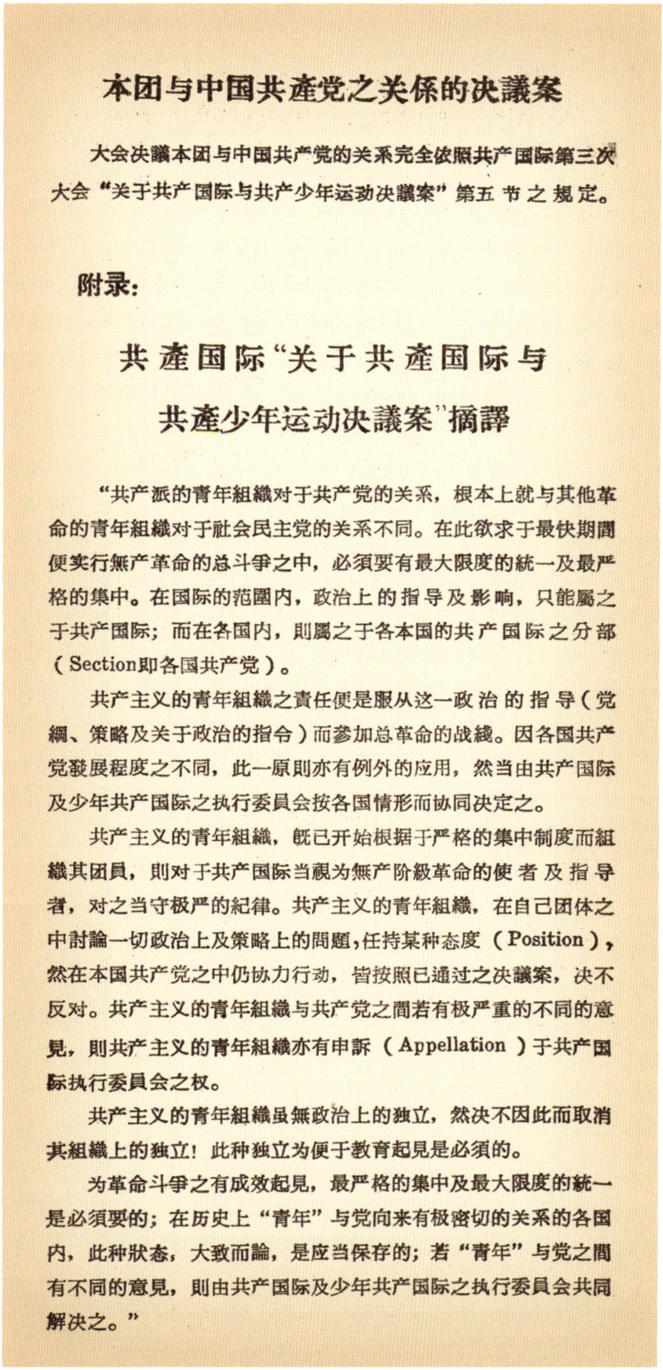

本团与中国共產党之关係的决議案

大会决議本团与中国共产党的关系完全依照共产国际第三次大会“关于共产国际与共产少年运动决議案”第五节之規定。

附录：

共產国际“关于共產国际与共產少年运动决議案”摘譯

“共产派的青年組織对于共产党的关系，根本上就与其他革命的青年組織对于社会民主党的关系不同。在此欲求于最快期間便实行無产革命的总斗爭之中，必須要有最大限度的統一及最严格的集中。在国际的范圍内，政治上的指导及影响，只能屬之于共产国际；而在各国内，則屬之于各本国的共产国际之分部（Section即各国共产党）。

共产主义的青年組織之責任便是服从这一政治的指导（党綱、策略及关于政治的指令）而參加总革命的战綫。因各国共产党發展程度之不同，此一原則亦有例外的应用，然当由共产国际及少年共产国际之执行委員会按各国情形而协同决定之。

共产主义的青年組織，旣已开始根据于严格的集中制度而組織其团員，則对于共产国际当視为無产阶級革命的使者及指导者，对之当守极严的紀律。共产主义的青年組織，在自己团体之中討論一切政治上及策略上的問題，任持某种态度（Position），然在本国共产党之中仍协力行动，皆按照已通过之决議案，决不反对。共产主义的青年組織与共产党之間若有极严重的不同的意見，則共产主义的青年組織亦有申訴（Appellation）于共产国际执行委員会之权。

共产主义的青年組織虽無政治上的独立，然决不因此而取消其組織上的独立！此种独立为便于教育起見是必須的。

为革命斗爭之有成效起見，最严格的集中及最大限度的統一是必須要的；在历史上“青年”与党向来有极密切的关系的各国内，此种狀态，大致而論，是应当保存的；若“青年”与党之間有不同的意見，則由共产国际及少年共产国际之执行委員会共同解决之。”

《本团与中国共产党之关系的决议案》

贰 赫赫声名随党奋斗 勃勃英姿在前冲锋

在党的领导下，刚刚成立的中国社会主义青年团坚持以马克思主义为思想指导，加强青年团组织发展和组织建设，发挥党的助手和预备学校作用，引导青年学习马克思主义理论，与工农群众相结合，揭开了中国青年运动史的崭新篇章。

【陈独秀给共产国际的报告】

1922年6月，中共中央局书记陈独秀给共产国际写了报告，其中介绍了中国社会主义青年团近期开展的工作：在政治宣传方面，1922年元旦，“上海共产党全部党员及中国朝鲜社会主义青年团团员100余人，工人50人，上午分散‘贺年帖’（内载鼓吹共产主义的歌）6万张于上海市内，下午分散攻击国际帝国主义及本国军阀的传单2万张于‘新世界’等群众聚会的游戏场”。在劳动运动方面，“因反对太平洋会议鼓吹承认苏维埃俄罗斯的示威游行及参加纱厂罢工，青年团团员黄爱、庞人铨二人被督军所杀”；上海举行黄、庞追悼会并散发传单；在广东，“香港海员罢工时，全部党员及青年团团员参加招待及演讲，以共产党名义散传单3000份”。

■ 1922年6月30日陈独秀给共产国际的报告。

【青年团的组织建设】

团中央执委会不仅发出多个通告，统一规范各地团名、团章和执行委员会细则，建立团员月报表制度，派出执行委员指导各地整顿、发展团组织，统一各级团领导机构的职能、设置和组织规则，加强团的集中统一领导，努力形成团内既有民主又有集中和纪律的制度。各地认真执行团中央的指示，上海、广东、杭州、南京、保定、太原等地改组了青年团，分别建立了团区委、团支部，有的地方还成立了团小组，团员人数大为增加；安源、哈尔滨、济南、江西、河南、四川等地新建了团组织。全团建立健全了工作制度。团中央派往各地指导工作的同志和各地团组织的领导人，及时向团中央汇报工作。1923年1月6日，团中央执委会发出第三十五号通告：《促各地同志多介绍青年工人入团》。

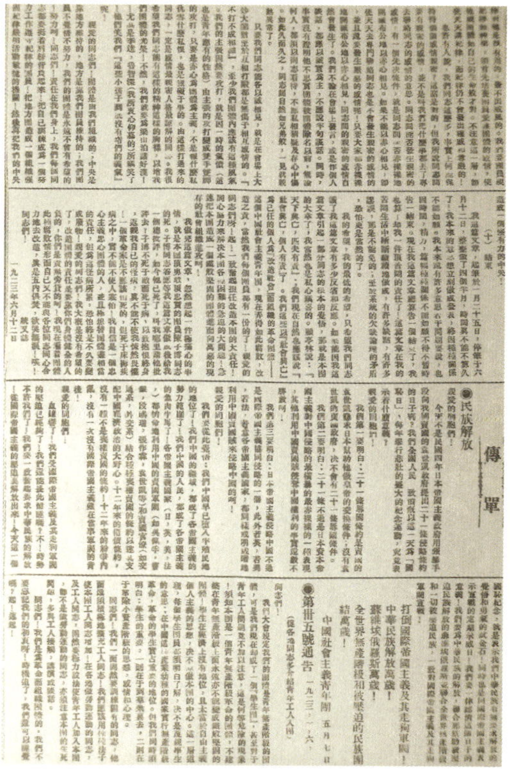

■ 1923年1月6日，团中央执委会发出第三十五号通告。

上海★

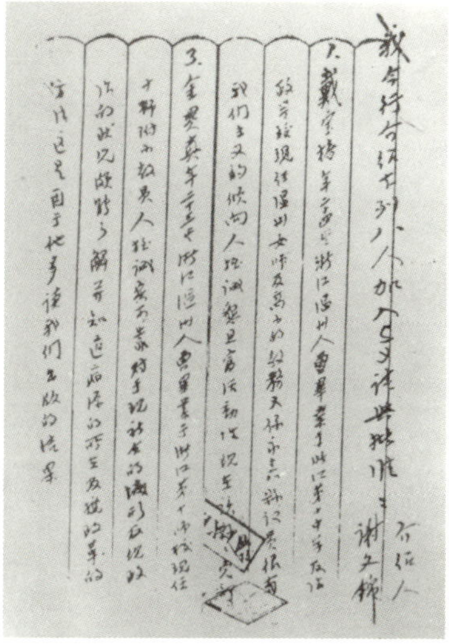

■ 上海团组织介绍青年加入社会主义青年团申请书

长沙★

长沙团书记毛泽东的信

为了贯彻团一大的精神，1922年6月17日，社会主义青年团长沙执行委员会召开改组大会，毛泽东被选为执委会书记，李隆郅（即李立三）任组织部长。改组后，毛泽东给团中央写了一封信，汇报了改组情况。

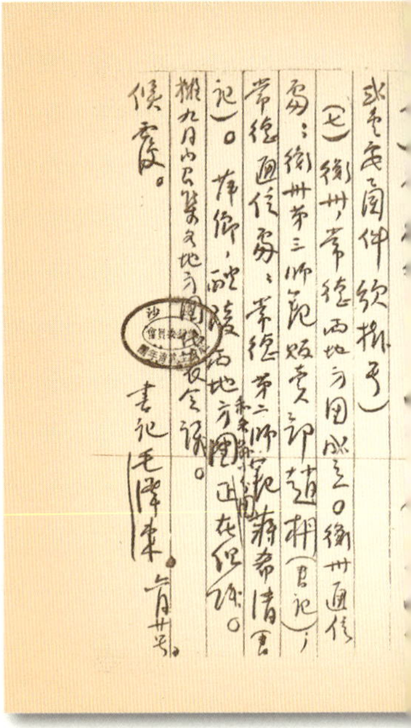

史海聆潮

长沙团的超龄书记毛泽东

毛泽东在给团中央的信中，还就自己超龄的事情向团中央汇报并请求批准。因为，团一大通过的章程规定团员为15到28岁，超龄为特别团员且只有发言权。同时，《中国社会主义青年团章程》还规定：“特别团员经所在地方团团员过半数议决认为必要时，并得中央执行委员会之同意，得有被选举权。”毛泽东在长沙团的改组中超龄依然当选为书记，长沙团组织根据团一大通过的章程附则，然后全体表决推其为职员。作为特别团员的毛泽东经本地团组织推为职员和具有被选举权还不行，同时还需上级组织团中央批准，毛泽东在信件中用到“乞示复”和“候复”，即是请求上级批准同意的意思。

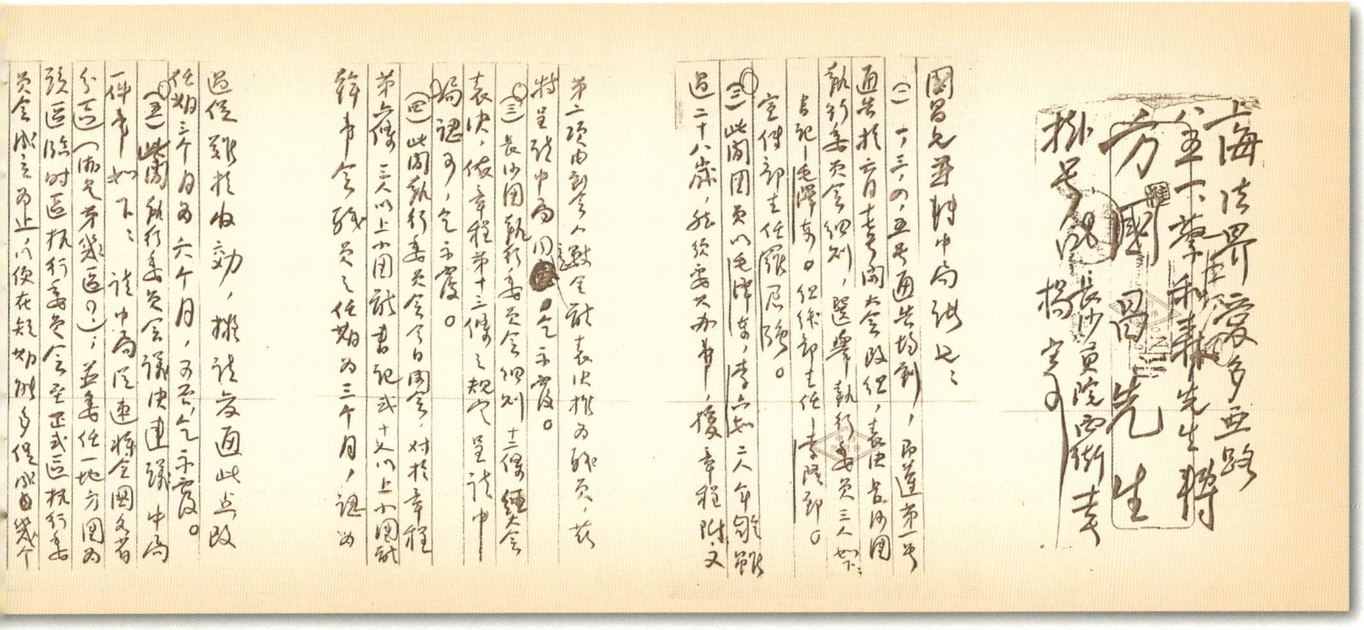

■ 1922年6月20日，长沙社会主义青年团书记毛泽东给团中央执委会书记施存统的报告（即毛泽东的信）。

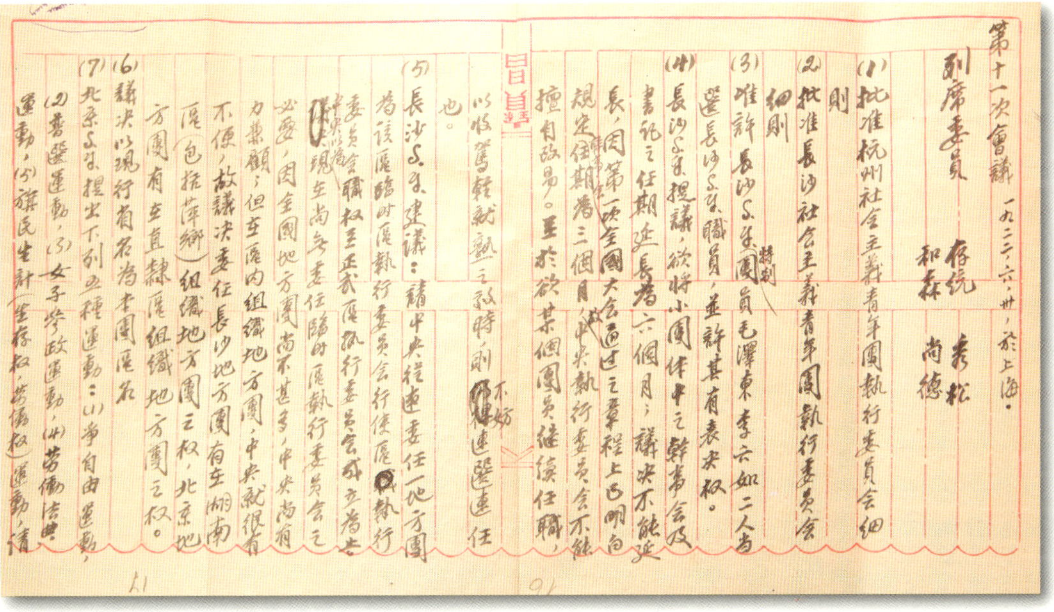

第十一次會議　一九二二、六、卅，於上海。

列席委員　存統　秀松　和森　尚德

(1)批准杭州社會主義青年團執行委員會細則

(2)批准長沙社會主義青年團執行委員會細則

(3)准許長沙S.Y.團員(特別)毛澤東李六如二人當選長沙S.Y.職員，並許其有表決權。

(4)長沙S.Y.提議：欲將小團體中之幹事會及書記之任期延長為六個月；議決不能延長，因第一次全國大會通過之章程上已明白規定任期為三個月，執行委員會不能擅自改易。至於欲某個團員繼續任職，以收駕輕就熟之效時，則不妨連選連任也。

(5)長沙S.Y.建議：請中央指定委任一地方團為該區臨時區執行委員會行使區執行委員會職權至正式區執行委員會成立為止。現在尚無委任臨時區執行委員會之必要，因全國地方團尚不甚多，中央尚有力兼顧；但在區內組織地方團，中央就很有不便，故議決委任長沙地方團有在湖南區(包括萍鄉)組織地方團之權，北京地方團有在直隸區組織地方團之權。

(6)議決以現行有名為本團區……

(7)北京S.Y.提出下列五種運動：(1)爭自由運動，(2)普選運動，(3)女子參政運動，(4)勞働法典運動，(5)謀民生計(生存權、勞働權)運動，請……

■ 团中央执委会第11次会议对毛泽东来信的批复

广州★

张太雷指导广东团建

团一大后，团中央派张太雷到广东指导团建工作。

◎ 1922年5月28日，广东社会主义青年团在素波巷举行会议，讨论了广东、广州青年团的改组问题，决定改组和整顿的事项。

◎ 6月30日，张太雷致信团中央执委会书记施存统，报告广东团组织改组情况及孙中山与陈炯明公开冲突后广州的形势。

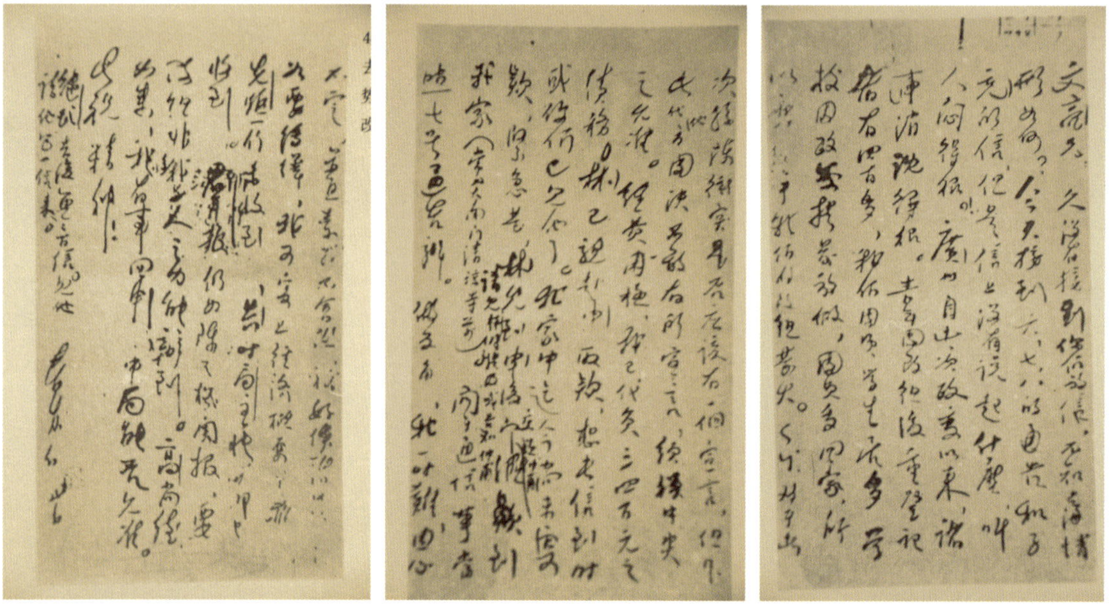

■ 张太雷给施存统的信

◎ 1923年5月13日，阮啸仙召集各团小组会议，成立广州团地委。会议推选阮啸仙为书记，主持广州团地委的工作。随后，经团中央同意“以广州地委代理区执委会职务”，由阮啸仙“代行粤区书记”职务，领导广东全省的团工作。

阮啸仙等人为开创广东青年运动的新局面，注意从思想教育入手，启发团员的自觉性，在此基础上给予必要的理论教育；还注意通过实际工作的锻炼来培养团员。同时，对严重违反纪律、教育无效者，给予必要的组织处分。1924年6月，团中央肯定了广东团组织在过去一年中的整顿工作。

■ 阮啸仙（1897—1935），广东河源人。1922年秋，被选为社会主义青年团广东区（两广区）委员会书记。

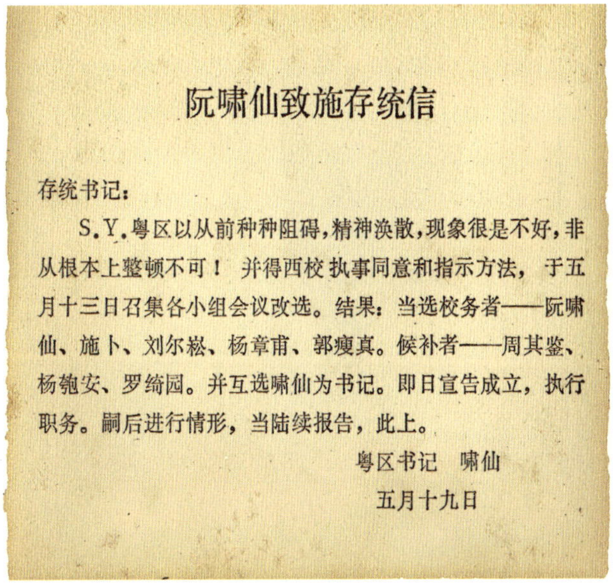

阮啸仙致施存统信

存统书记：

S.Y.粤区以从前种种阻碍，精神涣散，现象很是不好，非从根本上整顿不可！ 并得西校执事同意和指示方法，于五月十三日召集各小组会议改选。结果：当选校务者——阮啸仙、施卜、刘尔崧、杨章甫、郭瘦真。候补者——周其鉴、杨匏安、罗绮园。并互选啸仙为书记。即日宣告成立，执行职务。嗣后进行情形，当陆续报告，此上。

粤区书记 啸仙

五月十九日

■ 1923年5月19日，阮啸仙致信团中央书记施存统，报告5月13日团广东区委改组情况。

新学生社

史海聆潮

为了迅速打开广东青年运动的新局面，团广东代理区委以学生团员为核心，筹建了广东新学生社。1923年6月17日，广东新学生社正式成立，阮啸仙兼任社长。在阮啸仙主持制定的《广东新学生社纲领》中，明确提出“对内打倒封建制度，对外打倒资本帝国主义”的政治主张。广东新学生社最初只在广东甲工、广东高师等10所学校中建立了支部或小组，有社员110多人。后来组织扩大到广州各个学校和全省各地，连福建等邻省青年也纷纷要求成立分社，所以在1924年11月改组的时候就取消了“广东”二字，改称“新学生社”。

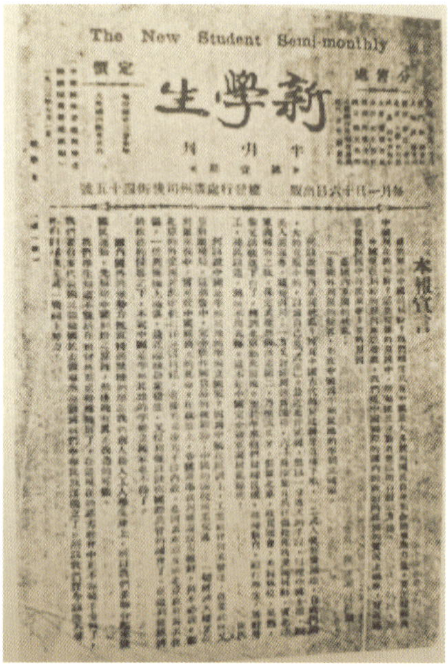
The New Student Semi-monthly

新學生

半月刊

本報宣言

■ 1923年7月1日，广东新学生社创办《新学生》半月刊，积极宣传革命思想，引导青年学生关心政治。

◎ 广东社会主义青年团经过整顿和重新组建，组织得到了迅速恢复和发展。1923年10月14日至16日，团广东区第一次代表大会在广州召开，大会就如何深入开展反帝反封建国民革命运动、农民运动、学生运动等问题进行了讨论，与会代表还选举产生了广东区第一届执行委员会，并决定由阮啸仙任委员长。团广东区一大的召开，有着重大的历史意义，为全省团的工作和青年运动提出了明确的方向和行动纲领，使广东社会主义青年团从此有了统一的组织领导。从此，广东青年运动在广东社会主义青年团的直接带领下，更加蓬蓬勃勃地发展，更加有力地推动着革命事业的前进。

【开展思想宣传】

团中央执行委员会指导各地团组织举办团干团员训练班，开展马克思主义研究，创办书店或图书馆，推销和阅读进步书刊，推进思想政治教育工作，提高团员的革命觉悟。团中央执行委员会多次开会研究《先驱》的领导人选、办报宗旨、内容要求、发行方式和运用其指导工作、教育团员的要求，并通告各地方团组织。

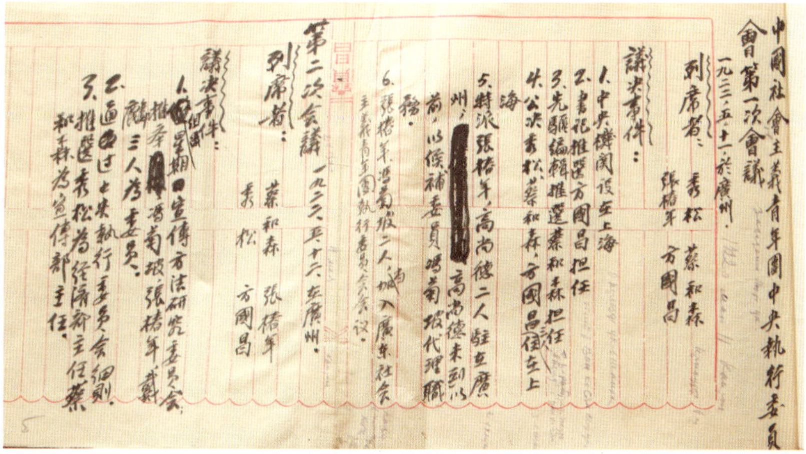

中國社會主義青年團中央執行委員會第一次會議 一九二三.五.十一.於廣州
列席者：秀松 蔡和森 張椿年 方國昌
議決事件：
1.中央機關設在上海
2.書記推選方國昌担任
3.先驅編輯推選蔡和森担任
4.公決秀松、蔡和森、方國昌住在上海
5.對張椿年、高尚德二人駐在廣州，[redacted]高尚德未到以前，以候補委員馮菊坡代理職務。
6.張椿年、馮菊坡二人加入廣東社會主義青年團執行委員會議。
第二次会議 一九二三.五.十六.在廣州
列席者：蔡和森 張椿年 秀松 方國昌
議決事件：
1.組織星期日宣傳方法研究委員會，推舉[redacted]馮菊坡、張椿年三人為委員。
2.通過中央執行委員會細則。
3.推選秀松為經濟部主任，蔡和森為宣傳部主任。

■ 团中央执行委员会第2次会议议决组织星期宣传方法研究委员会，推举冯菊坡、张太雷、达林三人为委员。

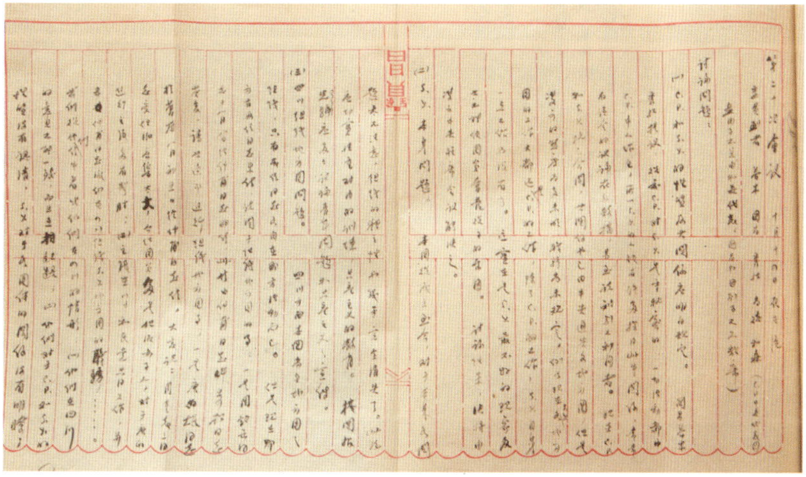

■ 团中央执行委员会第20次会议提出注重共产主义教育，机关报《先驱》应多讨论青年问题和共产主义宣传。

【团员青年投身革命运动】

中国社会主义青年团正式成立后，在团中央执委会的指挥下，各地团组织积极配合中国共产党，工人运动风起云涌，学生运动重振旗鼓。

1922年5月，上海浦东日华纱厂燃起反对日本资本家迫害工人的罢工怒火，团中央执委会迅即发出《中国社会主义青年团请求全国各界和各团体援助上海浦东纺织工人书》，刊登于团中央机关刊物《先驱》，催动声援上海工人罢工的浪潮。

1923年2月，反动军阀举起屠刀，制造了“二七”惨案。3月1日，团中央执委会发表《中国社会主义青年团为“二七”大惨杀宣言》，强烈谴责军阀暴行，号召全国青年和人民群众奋起抗争。各地团组织随即掀起了声援京汉铁路工人、抗议反动军阀屠杀工人的怒潮。

特載
中國社會主義青年團請求全國各界和各團體援助上海浦東紡織工人書

■ 《先驱》刊登的《中国社会主义青年团请求全国各界和各团体援助上海浦东纺织工人书》

■ 京汉铁路总工会成立大会

各地青年团在动员和组织团员、青年投身工人运动的同时，还发动和领导青年知识界反帝反封建的斗争，加强对青年学生运动的领导。1922年9月29日，团中央执委会发出第二十四号通告：《双十节举行反对帝国主义大示威》。五四运动后一度水波不兴的学生运动，又是波浪汹涌。

1922年11月，北洋军阀政府任命不学无术的政客彭允彝为教育总长，北京大学校长蔡元培愤然提出辞职，离京南下。消息传出，群情哗然，北京各高校发起了“驱彭挽蔡”运动。在党、团组织的引导和影响下，学生运动把斗争锋芒指向整个反动统治秩序，鲜明地把反对封建军阀作为自己突出的政治目标，各地学生会纷纷发表宣言、通电，声援北京学生。经过广大青年学生的坚决斗争，1923年9月北洋政府免去彭允彝教育总长的职务，学生斗争取得了胜利。

中國社會主義青年團中央執行委員會印行
先驅
一九二三年五月十日出版
第十七號
THE PIONEER
An Organ of the Central Executive Committee of the Socialist Youth League of China
中國社會主義青年團爲(二七)大慘殺宣言

■ 1923年5月10日，团中央执委会在《先驱》上发表了《中国社会主义青年团为“二七”大惨杀宣言》。

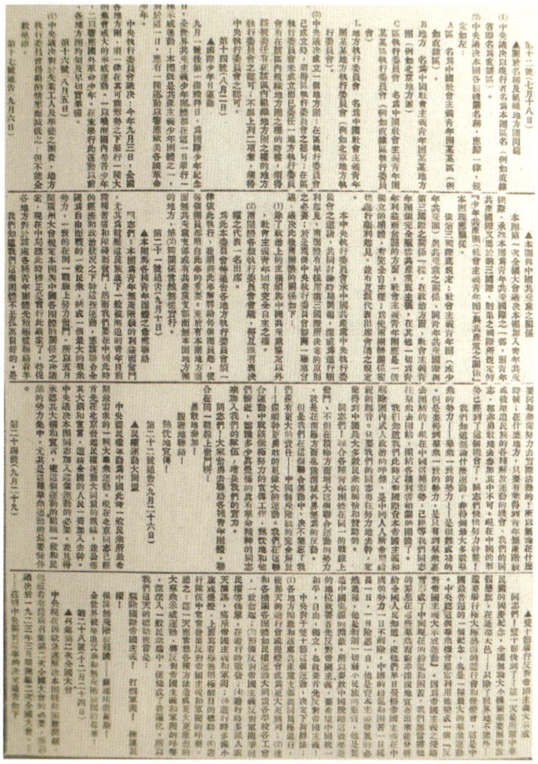

■ 1922年9月29日，团中央执委会发出第二十四号通告：《双十节举行反对帝国主义大示威》。

叁 赤子华彩光耀欧洲 旅欧之部创建伟业

就在中国国内的先进青年在中国共产党的领导下组建中国社会主义青年团的时候，一批到欧洲找寻革命真理的青年人也在欧洲开始了建立旅欧青年团组织的工作。国内和国外的进步青年在探索救国真理和方略方面殊途同归，中国青年团组织的建立具有历史的必然性，是中国青年运动发展到一定阶段的必然结果。

【青年学子会聚法国】

在五四运动前后，还有一大批青年知识分子基于爱国主义的情怀出国勤工俭学，探求拯救祖国的良策。特别是五四运动后，赴欧洲勤工俭学出现了空前的热潮，从1919年开始到1920年底，全国各地赴法国勤工俭学的学生达1600多人，还有些人到英国、德国和比利时。周恩来、赵世炎、蔡和森、李维汉、王若飞、李立三、向警予、陈延年、陈乔年、陈毅、聂荣臻、邓小平、李富春等是他们中的突出代表，他们回国后都先后成为党、团组织的杰出领导人，为中国革命作出了重要的贡献。

逸闻轶事

访巴黎斗室　邓颖超喃喃自语

1920年11月7日，在恩师严修的帮助下，周恩来赴法勤工俭学。12月13日，周恩来从上海乘法国的“波多尔斯”号邮船，行程3万余里，在法国马赛港登陆，开始了探求救国真理之路。他最初住在郊区，后来搬到了戈德弗鲁瓦街17号（现改为15号）的海王星旅馆三楼第16号房间。房间面积还不到10平方米，没有卫生间，只装了一个简陋的洗手池；房子中央只够放下一张小的单人床，周围富余空间很少。这里既是周恩来的住所，也是他们办刊物和进行党团活动的中心。1924年6月，周恩来接到党的通知，回国工作。从此，他离开巴黎回到祖国，再也没能踏上这片土地。后来，为了纪念中法建交15周年，邓颖超1979年访问法国时，在法国总统德斯坦的陪同下参观这家小旅馆。邓颖超在周总理住过的小房间里停留良久，她深情地抚摸留下周总理印迹的床和家具，睹物思人，一遍遍地喃喃自语说：“恩来当年受苦了！”

■ 周恩来当年在旅馆门前的留影

■ 周恩来巴黎故居外墙上的纪念牌，上面刻有邓小平亲笔题写的“周恩来”三个中文镏金字。

1921年6月，北洋政府向法国秘密借款3亿法郎，以川、滇、粤、桂四省采矿、铁路建筑权为交换条件，以中国印花税、验契税作担保。周恩来、陈毅、蔡和森、赵世炎等得知此卖国行径，联系各旅法华侨社团组织了“拒款委员会”，发起拒款运动，最终迫使北洋政府代表签署了一个“中法借款条约作废”的“声明”。

逸闻轶事

周恩来与法国侍应生的友谊

在旅法勤工俭学期间，周恩来与位于圣日耳曼大街172号的花神咖啡馆的侍应生帕斯卡尔结下了深厚的友谊。据说，曾有一段时间，周恩来因为时常开展革命活动而手头拮据，帕斯卡尔还慷慨地借钱接济他。周恩来对这位有情有义的法国小伙很是感激，直到回国多年后仍对这段深厚友谊难以忘怀，就任新中国总理后，在百忙之中仍不忘给这位法国的老朋友捎去祝福，寄去中国的香烟和茶叶。在收到周总理的包裹时，帕斯卡尔惊喜不已。他自豪地把来自中国的珍贵礼物分给同事和亲友们，让大家一同分享这份特殊的友情和喜悦。

花神咖啡馆盾形纪念牌

红色情缘

向蔡同盟　毛泽东致祝贺信

1918年，“湘江三友”——毛泽东、蔡和森、萧子升一起来到岳麓山爱晚亭谈古论今。当谈到个人婚姻问题时，毛泽东提议为寻求救国真理，要寻找志同道合的伴侣，否则甘愿终身不娶，蔡和森、萧子升深以为然。

向警予思想进步，在家乡溆浦县开女子入校读书的先例，后创办溆浦学堂，并担任校长。当时湘西护国军司令周则范想娶她做二房夫人，向警予坚决反对，只身闯进周公馆，表示自己将“以身许国，终身不嫁”。为了避免周的纠缠，向警予奔赴长沙，发起女子赴法勤工俭学运动，并加入新民学会，成为第一个女会员。

1919年12月，向警予与蔡和森同船赴法勤工俭学。在漫长的旅途中，二人一起观日出，一起讨论学术和政治问题，憧憬美好的未来，由道合而志同，萌发情愫。他们都反对旧式婚姻，要实行新式爱情和理想的“同盟”。

1920年5月，蔡和森和向警予在法国蒙达尔纪正式结合，其结婚照为二人同读一本打开的《资本论》，表明他们的结合不仅是结成感情上的同盟，更是革命理想事业上的同盟。二人还将恋爱过程中互赠的诗作收集出版，题为《向上同盟》，随后人们把二人的结合称为“向蔡同盟”。向警予的继母得知此事，气愤地说：“现成的将军夫人不做，却去找个磨豆腐的！”（蔡和森当时在法国的一家豆腐公司做工）

毛泽东闻知此讯极为高兴，于1920年11月26日致信说：“我听得‘向蔡同盟’的事，为之一喜，向蔡已经打破了‘怕’，实行不要婚姻，我们正好奉向蔡做首领，组成一个‘拒婚同盟’。”“拒婚”意即反对旧式的婚姻，追求自由的爱情结合。

蔡和森和向警予

【旅欧中国少年共产党】

1921年底，在法国勤工俭学的赵世炎、李维汉与周恩来等人开始酝酿筹建中国少年共产党。1922年4月，赵世炎两次给上海共产党早期组织成员陈公培写信，在信中写道："欧洲方面决定成立一个青年团（大约一月以内可以完成，因为现在开会地址很难觅）。" 1922年6月，旅欧中国少年共产党在法国巴黎郊区布伦森林中的一个小广场上召开成立大会。出席这次代表大会的有赵世炎、李富春、周恩来、李维汉、王若飞、陈延年、刘伯坚等18人。经过3天的讨论，旅欧中国少年共产党（简称旅欧少共）正式成立，选举了中央执行委员会，由赵世炎任书记，周恩来任宣传委员，李维汉任组织委员。

旅欧中国少年共产党书记赵世炎

逸闻轶事

“最小留法生”与“油印博士”——邓小平

1920年9月10日，年仅16岁的邓小平从上海登上了驶往法国的邮轮“阿特尔兰蓬”号，成为83名留法生中年龄最小的一个。经过39天的海上航行，这批留法生到达法国南部城市马赛，成为当地一桩不小的新闻。当时的法国《小马赛人》曾这样报道：“100名年龄在15到20岁之间的中国青年，穿着西式服装，戴着宽边帽，穿着尖皮鞋，显得彬彬有礼温文尔雅，静悄悄地站在‘阿特尔兰蓬’号的甲板上。”甲板上那位个子不高、稚气未脱的少年就是邓小平，他就是从这里出发，走上了职业革命家的漫漫长征路。

1922年8月，旅欧少共机关刊物《少年》创刊，邓小平负责蜡板刻写和印刷、装订等工作。1924年2月，《少年》改办为《赤光》半月刊，邓小平继续从事刻写和油印工作，大家不约而同将“油印博士”美誉戴在了邓小平的头上，这个称号正是对邓小平这位年轻革命者的肯定和鼓励。

■ 邓小平在法国勤工俭学时的留影

■ 1922年8月1日，旅欧党、团组织创办的机关刊物《少年》月刊。

【中国社会主义青年团旅欧之部】

当这批海外赤子得知国内已经建立了中国共产党和中国社会主义青年团后，便在1922年10月召开大会，经全体投票，决定加入中国社会主义青年团。11月20日，旅欧少共写信给团中央执委会，表示“我们愿附属于国内青年团，为其旅欧之部”，并委派李维汉为旅欧少共的代表，携带此信回国，与团中央执委会正式接洽。其后旅欧少共又得知出席共产国际第四次代表大会和青年共产国际第三次代表大会的以陈独秀为首的中共代表团已抵达莫斯科，便立即致函中共代表团，再次表示要加入国内青年团。

1922年6月至1923年1月，团中央执委会会议中有四次讨论了旅欧之部问题。

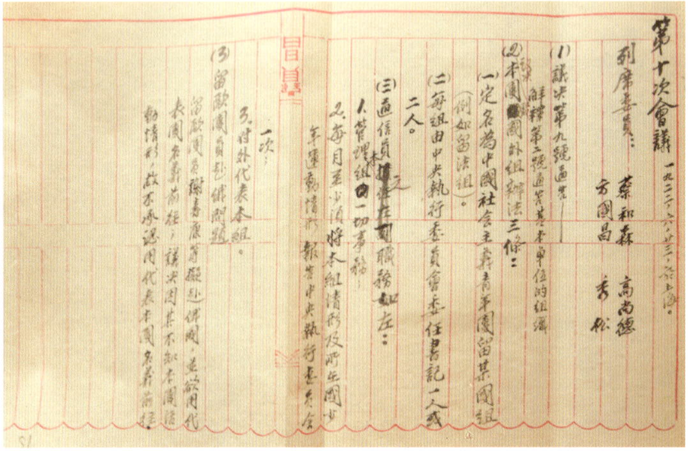

■ 1922年6月23日，团中央执行委员会第10次会议上，对本国设国外组问题议定了三条办法：一、定名为中国社会主义青年团留某国组。二、每组由中央执行委员会委任书记一人或二人。三、通信员的职务：管理本组一切事务；每月至少须将本组情形及所在国少年运动情形报告中央执行委员会一次；对外代表本组。

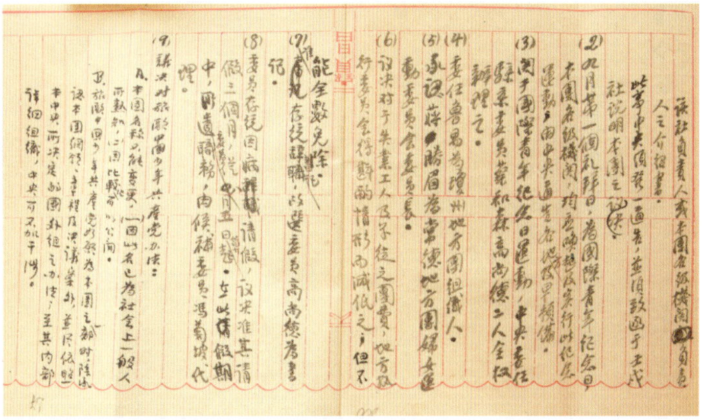

■ 1922年8月2日，团中央执行委员会第15次会议决定：旅欧中国少年共产党如愿为本团之一部时，除承认本团纲领、章程及决议案外，必须依照中央所决定的国外组织办法；至其内部详细组织，中央可不加干涉。

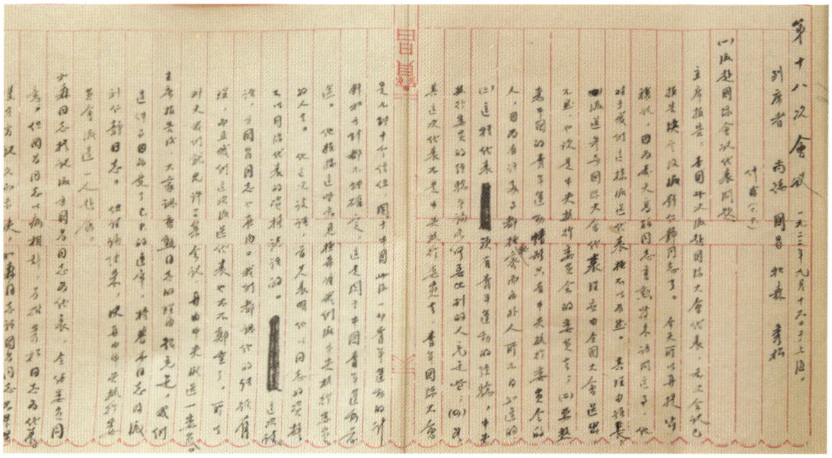

■ 1922年9月16日，团中央执行委员会第18次会议通报了赵世炎寄来两本旅欧中国少年共产党第一次报告，承认旅欧中国少年共产党为本团海外组。

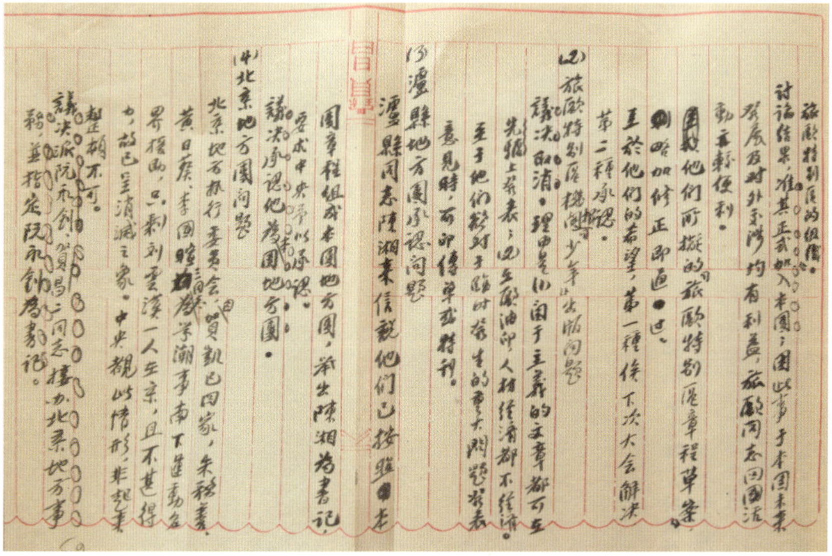

■ 1923年1月27日，团中央执行委员会第27次会议讨论了旅欧中国少年共产党正式加入本团的有关问题，听取从欧洲回国的李维汉的报告。批准他们的请求，正式加入本团；对“旅欧特别区章程草案”，略加修改后通过；议决取消旅欧特别区机关刊物《少年》，其文章可在《先驱》上发表。

1923年1月，旅欧少共收到陈独秀的回信，建议他们将组织名称改为“中国共产主义青年团旅欧之部”，将“中央执行委员会”改为“执行委员会”。旅欧少共在收到陈独秀的信后，于2月17日至20日召开临时代表大会，大会改选了领导机构，周恩来任书记，一致通过把“旅欧中国少年共产党”改名为“旅欧中国共产主义青年团（中国社会主义青年团旅欧之部）”，并在新章程中明确规定：“中国社会主义青年团中央执行委员会为本团上级机关。”会后收到团中央于1922年10月29日批准旅欧少共加入国内青年团的公函，周恩来立即在给团中央的报告中豪迈地说：“我们现在已正式为‘中国社会主义青年团’的旅欧战员了，我们已立在共产主义的统一旗帜之下，我们是何其荣幸！”

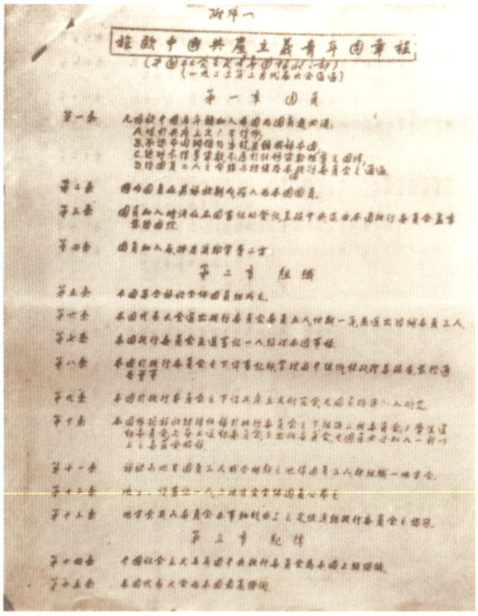
附件一

旅欧中国共产主义青年团章程

第一章 团员

第二章 组织

第三章 纪律

大会通过由周恩来负责起草的新团章。这个章程明确规定：“中国社会主义青年团中央执行委员会为本团上级机关。”

1923年2月，中国社会主义青年团旅欧之部部分成员在巴黎合影。

史海聆潮

中共旅欧之部与旅欧共青团

中共旅欧之部和旅欧共青团，设在巴黎南部意大利广场戈德弗鲁瓦街17号的一家旅馆内，党团机关是合在一起的，领导机构也是统一的。当时，团组织是半公开的，发表声明、宣言以及参加旅欧华人各团体活动时，都是用“旅欧中国共产主义青年团”的名义；党的组织是秘密的，不公开活动，直到1925年4月1日，刊物上才第一次出现以“中国共产党旅欧之部”的名义，发表《为孙中山先生逝世告旅欧华人》。这种组织机构的特点，一直保持到中共旅欧之部的结束。

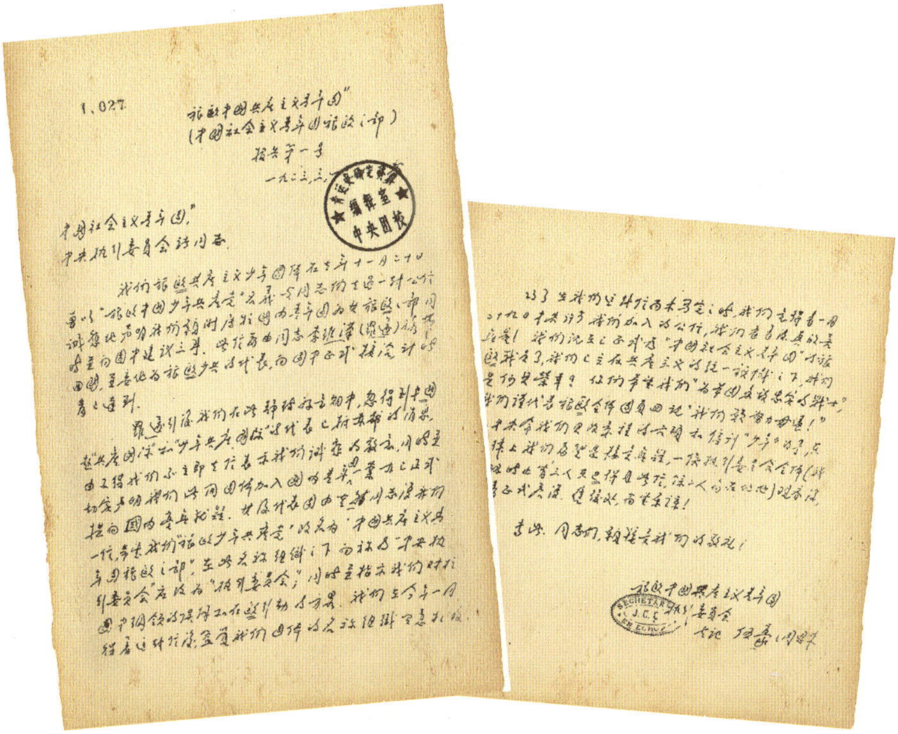

1923年3月，周恩来写给团中央的第一号报告的部分手迹。

第五章

义与风云翔 心随朗月高

“风展红旗如画。”中国社会主义青年团成立之后，紧紧跟着中国共产党，在中国革命的征途上，带领团员青年冲锋陷阵、一往无前。大革命的烈火熊熊，土地革命的红旗飘飘，抗日战争的军号声声，解放战争的铁流滚滚，无不洒下青春热血，无不高奏青春凯歌。

“虎踞龙盘今胜昔，天翻地覆慨而慷。”1949年10月1日，中华人民共和国宣告成立，开辟了中国历史的新纪元。在中国共产党的领导下，青年团积极围绕党的中心工作，开展适合青年特点的独立活动，赢得党和政府及社会各界的普遍赞誉，成为新中国青年运动的坚强核心。

在深入改革开放、践行科学发展的今天，广大共青团员“以坚定远大的理想励志前行，以孜孜不倦的精神求索新知，以高尚美好的情操培育品德，以锐意创新的激情投身实践，以艰苦扎实的奋斗成就人生，不断创造新的青春业绩，为实现中华民族的伟大复兴而奋发努力”。

作为共青团的启航地，广州东园这一团一大旧址，是广东引以为豪的革命遗产，也是极为宝贵的精神财富。修建团一大纪念广场作为教育基地，体现了一种对革命历史文化的传承，将在爱国主义教育和革命传统教育中发挥重要作用。

壹 中华解放党旗飘扬 烽火岁月团徽闪熠

“唤起工农千百万，同心干，不周山下红旗乱。”中国社会主义青年团成立之后，积极开展革命活动，努力从事青年群众的发动组织工作，很好地发挥了党的助手和后备军作用。

工人运动仿佛南海潮汹涌澎湃。在著名的安源路矿工人罢工、二七大罢工、省港大罢工中，青年团员和青年始终站在斗争的最前列。

由毛泽东等主持的广州农民运动讲习所的学员，全是18岁至28岁的青年，其中许多人是青年团员或共产党员。党、团员深入工厂、矿山、铁路、码头和农村，对工人和贫苦农民进行革命宣传，组织工会、农会，推动了工农运动的发展，身先士卒，带领广大青年投入大革命、土地革命、抗日战争的第一线。

在党、团组织的指导下，全国各省市都有学生联合会在活动。各地学联发动青年学生积极参加废除不平等条约和国民会议运动，掀起学生运动高潮。

在革命战争的滚滚洪流中，生命献理想，热血开鲜花；青春力量，烈火奔腾。

中国青年团紧紧跟随中国共产党，和全国人民一道推翻三座大山，迈入了阳光灿烂的新中国。

■ 1925年5月30日，五卅惨案发生之后，共青团在中共中央的直接领导下，通过全国学联迅速在全国掀起规模宏大的反帝斗争浪潮，这标志着中国人民反帝斗争已发展到新的阶段。共青团为此作出了重要的贡献。图为1925年6月1日上海学生和各界群众举行的罢工、罢课、罢市斗争的一个场面。

■ 1926年，北伐战争打响，各地共青团组织带领青年参加北伐军、支援北伐军，用辉煌的战绩在中国青年运动史上谱写了瑰丽的篇章。图为广州青年和各界群众欢送北伐军出征。

■ 1927年大革命失败以后，共青团带领团员和青年投身到武装起义和创建农村革命根据地的斗争中。土地革命时期，共青团领导根据地青年积极参军、支前，保卫根据地。图为共青团领导的青年组织——少年先锋队整装待发。右上图是由共青团发动组建的青年工农武装——少共国际师出征的宣传画。

■ 在抗日战争时期，各抗日根据地的青救会组织在共产党的领导下，带领广大的青年积极参加抗日游击战争，建立了青年自卫武装，如青年抗敌自卫队、青年抗日先锋队、青年抗日游击小组等。这些青年抗日武装在对敌作战中起了很大作用。图为参加敌后抗日游击战争的青年民兵在进行军事训练。

■ 1946年11月5日，中共中央向解放区发出《中共中央关于建立民主青年团的提议》，正式决定推进解放区试建青年团的工作。1947年7月至9月，中共中央在全国土地会议和解放区青年工作会议上决定在土改中普遍建团。建团工作的开展使解放区的青年运动出现了蓬勃发展的新局面。图为最早搞青年团试建工作的延安丰足火柴厂，在这里诞生了解放战争时期第一个工厂青年团支部。

■ 随着人民解放战争的胜利发展，青年学生和各界人民群众的反内战爱国民主运动逐步发展成为配合人民解放战争的第二条战线。一些进步青年组织得到发展和壮大，一大批进步青年提高了政治觉悟，经受了锻炼，从而为解放区的建团工作奠定了基础。图为北平青年学生开展“反饥饿、反内战”斗争的游行队伍。

■ 1949年1月1日，中共中央发布了《关于建立中国新民主主义青年团的决议》，加快了青年团重建的步伐。1949年4月11日至18日，中国新民主主义青年团第一次全国代表大会在北平市隆重举行。这次大会的召开标志着中国青年团组织重建工作完成。图为中国新民主主义青年团一大会场。

贰 乘长风投祖国建设 展豪情改日月山河

“洞庭波涌连天雪，长岛人歌动地诗。”新中国成立之后，中国共产党领导全国人民进行清匪反霸、土地改革、恢复国民经济等斗争和抗美援朝战争。从1953年起进行以实现国家工业化为目标的国民经济建设，开展对农业、手工业和资本主义工商业的社会主义改造，奠定了社会主义政治经济基础。广大团员青年忠心报效祖国，赤诚为了人民，热烈响应党的号召，不怕艰苦困难。他们成立青年突击队、青年垦荒队，为尽快恢复国民经济、实现发展国民经济的各个五年计划而挥洒忘我劳动的汗水；他们“向科学进军”，青春风采闪耀着科技之光；他们立足本职岗位，勤奋扎实工作，重视知识学习，注意品德修养。

为了激励青年在国民经济建设中发挥积极性和创造性，团中央在20世纪50年代两次召开全国青年社会主义建设积极分子大会，随后大力加强青少年的思想品德教育工作，开展学雷锋活动。广大团员青年奋发图强，豪情改山河，壮志换新天，青春力量，激情飞扬。

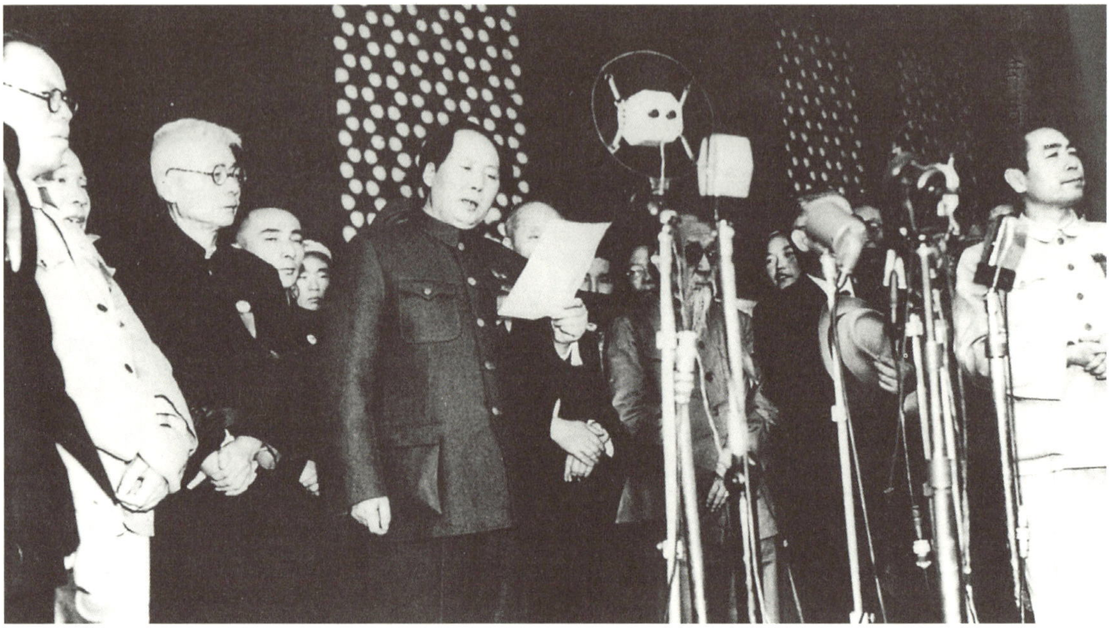

■ 1949年10月1日，30万军民在天安门广场隆重举行开国大典。中央人民政府主席毛泽东向全世界庄严宣告：中华人民共和国中央人民政府成立了！新中国的成立结束了半殖民地半封建的历史，开辟了中国历史的新纪元。

■ 新中国成立后，青年团组织带领全国团员、青年同全国人民一道，为尽快恢复国民经济而斗争。左图为1949年12月，广州团组织组织青年配合军警扫荡扰乱市场的非法钱庄800多家，开展宣传，稳定了金融秩序。右图为在治理淮河工程中劳动的青年民工。

■ 从1953年开始，新中国进入有计划的经济建设时期。广大团员和青年响应党、团组织的召唤，积极投身到发展国民经济的第一个五年计划的建设项目中，在新中国的建设史上留下了无数可歌可泣的光辉业绩。图为鞍钢“青年团”号高炉的青年工人在炉前操作。

■ 20世纪50年代开始，广州各工矿企业青年和农村青年在各级团组织的带领下，积极开展活动，为实现国家工业化建功立业。

■ 1953年，中共中央向全国人民宣布了过渡时期总路线，青年团发动和组织团员和青年学习总路线，积极参加农业、手工业和资本主义工商业的社会主义改造工作。图为1956年2月由青年团中央、全国青联召开的全国工商界青年积极分子大会会场。

■ 1955年中共中央向全国人民发出了“12年内绿化祖国”的号召，青年团积极响应，动员组织全国青少年开展起一个规模空前的植树造林活动。图为出席1956年召开的陕西、甘肃、山西、内蒙古、河南五省区青年造林大会的陕西代表团在荒山植树。

■ 1957年5月15日至25日，中国新民主主义青年团第三次全国代表大会在北京召开。大会全面总结了第一个五年计划期间青年团的工作，确定了新的任务。这次大会还通过决议将青年团组织的名称改为“中国共产主义青年团”，图为大会表决的场景。

■ 共青团中央加强青少年的思想政治教育工作，发动和组织青年掀起学习毛泽东著作和向雷锋学习的热潮。学雷锋活动后来成为全民性历久不衰的经常性活动。图为1963年广大群众参观由解放军总政治部和共青团中央联合举办的学习雷锋展览的情景。

■ 20世纪60年代初，在落实党中央采取的克服暂时经济困难措施的实践中，留下了共青团带领青年艰苦奋斗、勇闯难关的光荣业绩。图为由中国科学院的青年科技工作者组成的冰川考察队在海拔6000米的高山上进行身体适应训练的情景。

■ 为了适应大规模、有计划经济建设的需要，青年团中央在1954年6月总结推广了北京团市委在北京展览馆工地组织青年突击队工作的经验，在全国青年中广泛开展了青年突击队活动。这项活动历时近半个世纪后依然长盛不衰。图为20世纪90年代即将奔赴抗洪救灾前线的青年突击队。

叁 改革开放再建新功 创新发展共谱鸿篇

“俱怀逸兴壮思飞，欲上青天揽明月。”中共十一届三中全会开创了改革开放和社会主义现代化建设的新时期，给神州大地带来勃勃生机。1978年10月，团十大召开，标志着中断了10多年的共青团系统得到了全面恢复。

在改革开放的大潮中，广大团员青年求真务实、敢为人先、勇于探索、甘于奉献，一直走在时代的前列。为落实党中央将工作重点转移到经济建设上来的方针，团中央提出一定要以经济建设为中心把全团工作活跃起来。各地团组织纷纷成立青年突击队，开展争当“新长征突击手”活动。党中央号召“树雄心，立大志，向科学技术现代化进军”，团员青年群起响应，一簇簇科技新花绽放在大江南北。党中央要求加强社会主义精神文明建设，团中央率领广大团员青年雷厉风行，投身新长征突击手活动和为四化建功立业活动，开展跨世纪青年文明工程、青年文明号等活动。一阵阵文明清风吹拂在大河上下。身处共青团的启航地，广州的团员青年还开展了一系列别具一格的活动。

共青团在团结、带领团员青年完成党的中心工作的同时，不断加强自身建设，代表、维护青少年权益，鼓励创业，帮助就业。

■ 1979年，为了帮助青少年树立健康向上的人生观、价值观，共青团发起组织了“学雷锋、树新风”活动。图为基层团组织在街头为民服务。

■ 为适应党的十一届三中全会所确定的将工作重点转移到经济建设上来的方针，共青团中央提出一定要以经济建设为中心把全团工作活跃起来，1979年在全国掀起争当“新长征突击手”活动的高潮。图为全国新长征突击手命名表彰大会发奖的情景。

■ “五讲四美三热爱”活动是20世纪80年代开展的在中国青少年中创建社会主义精神文明的一种教育形式。图为广州青少年参与“五讲四美三热爱”文明活动。

■ 青工技术练兵比武活动是20世纪80年代企业共青团组织开展的一个常项活动。这项活动以青工岗位培训和操作练兵为基础，引导和鼓励广大青年职工立足本职，钻研技术，岗位成才。图为1987年鞍钢开展的首届冶金系统青年工人技术大赛场景。

■ 社会主义市场经济的健康发展呼唤职业文明。团中央开展的“青年文明号”活动用全新的方式公开了中国青年向社会的承诺。图为1994年4月8日上午，团中央授予国际航空公司飞行第三大队、东方航空公司“凌燕”乘务示范组、广州白云机场指挥调度塔“青年文明号”标牌。此举标志着创建“青年文明号”活动拉开了序幕。

■ “微笑的广州”活动标志

■ 1987年，团广州市委、市少工委组织开展了“微笑的广州”青少年建设精神文明系列活动，全市有100万青少年参加。

■ 18岁成人仪式是共青团组织在适龄青少年中广泛开展的一项教育活动。该活动对青少年树立正确的世界观、人生观、价值观产生了积极的影响。图为1994年12月30日，团广州市委在中山纪念堂前首次举办成人宣誓仪式。1995年9月，团市委提请市人大常委会确定每年10月18日为广州成人宣誓日。

■ 1989年，共青团在党和政府的支持下创办了希望工程，举民间财力，从基础教育入手，帮助贫困地区数百万失学儿童重返校园，促进贫困地区基础教育的发展。这个工程的兴办，弘扬了中华民族扶贫济困、兴学助教的传统美德，为人民大众参与精神文明建设提供了一个实践的舞台，成为当代中国最有影响的社会公益项目之一。图为希望工程宣传画和韶山希望小学竣工典礼。

■ 1999年1月，共青团中央、全国绿化委员会、全国人大环境与资源保护委员会等八部委共同发起了“保护母亲河”行动。这项活动是以保护黄河、长江等江河流域的生态环境为主题，组织动员广大青少年和社会公众参与生态环境建设的一项大型公益事业。图为陕西韩城青年团员参加长江流域30个沿江城市宣传保护母亲河行动。

■ 2010年11月，第16届亚运会在广州举办。图为亚运会志愿者。

肆 领导关怀东园焕彩 薪火相传继往开来

“阳春布德泽，万物生光辉。”2012年5月8日，广东省纪念建团90周年暨团一大纪念广场落成仪式在广州东园举行。

中共中央政治局委员、广东省委书记汪洋，共青团中央书记处第一书记陆昊，广东省委副书记、省长朱小丹，广东省委副书记朱明国，广州市委书记万庆良，广州市委副书记、市长陈建华，共青团广东省委书记曾颖如等出席落成仪式。

来自北京、上海、广州、武汉、南京等团的历次代表大会召开地、团一大代表来源地的优秀团员青年及各界青年代表参加落成仪式。

■ 图为2002年5月4日，共青团中央为纪念建团80周年在广州东园建立的中国社会主义青年团第一次全国代表大会旧址纪念碑。

■ 团一大纪念广场在广州东园落成。图为汪洋（左二）、陆昊（左三）、朱小丹（左一）、万庆良（左四）为纪念广场揭幕。

■ 2012年5月8日，在广州东园举行团一大纪念广场落成仪式。

【团一大纪念广场】

整座雕塑总高9.9米，为红砂岩质材，像一本“展开的共青团历史之书”，寓意团一大的精神代代相传，团的旗帜在党的领导下高高飘扬，团的事业蓬勃发展。雕塑上面部分是飘扬的团旗，团旗底部和下方两个基座形成一座拱门，寓意“青春之门”。雕塑下方是进深5.4米、五层四级、每级台阶进深0.54米、总高约0.61米的主舞台，寓意共青团带领团员青年和少先队员在五四精神指引下为共产主义不懈奋斗。

浮雕以雕塑基座立面为展示载体，分别依托雕塑基座的六个立面设计创作六幅浮雕画面，南侧基座正面浮雕是团一大旧址介绍，北侧基座正面浮雕是“入团誓词”，两个基座的其他立面分别为“青春汇洪流”、“群英聚东园”、“立纲铸伟业”、“先驱连工农”的浮雕画面。

回到东园——一次信仰的回望、精神的守望；一次信念的凝望、理想的展望。90年的虔诚追求，90年的青春誓言，90年的奋斗足迹，凝成一句话：高举团旗跟党走，为中华民族的伟大复兴，青春再出发！

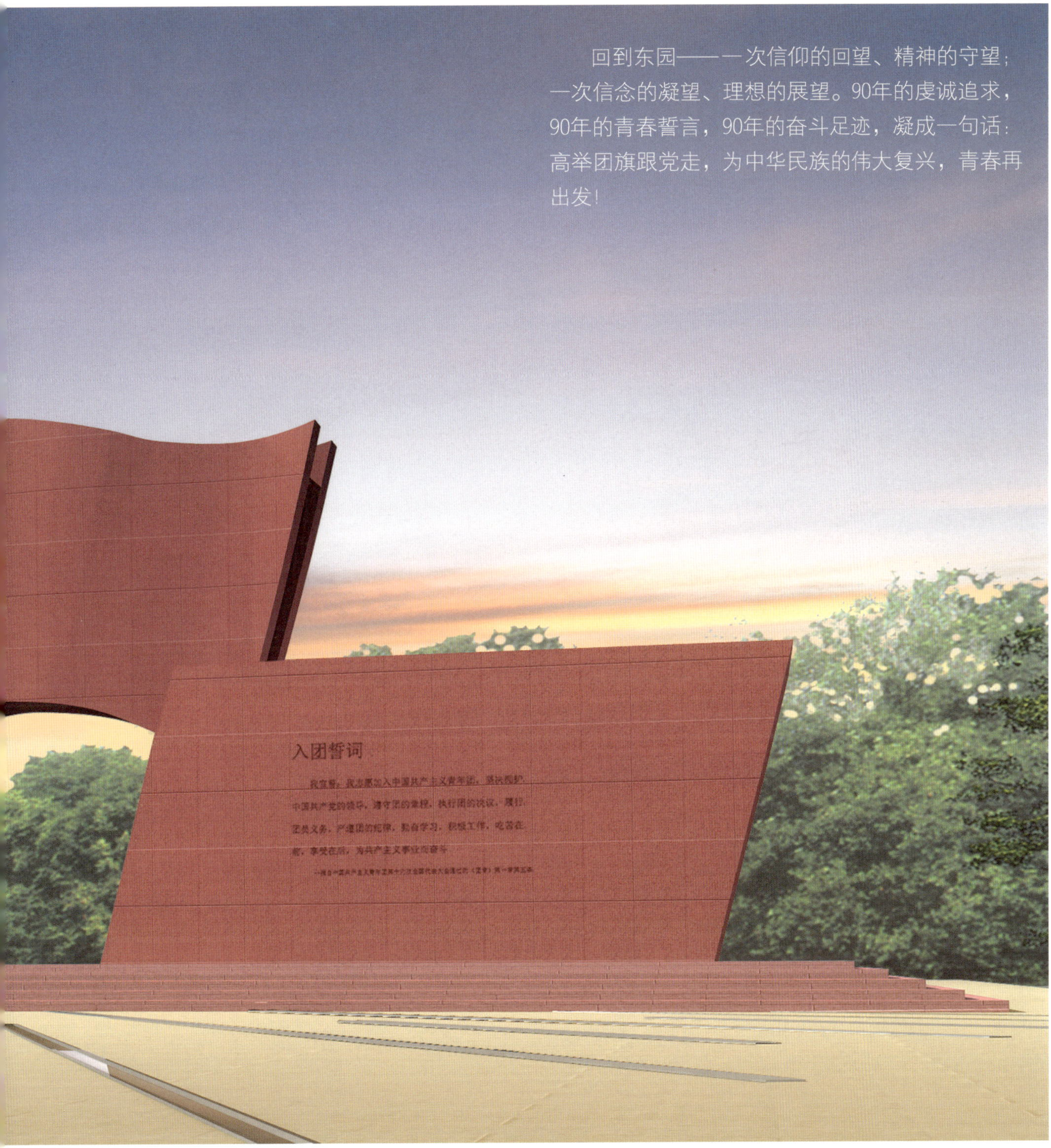

2012年5月8日，团一大纪念广场在广州东园正式落成。纪念广场全天候对外开放，成为广东青少年教育基地、团队仪式教育活动阵地、团员青年便民服务窗口和市民休闲文化场所。短短四个月，全国有510多个基层团组织在纪念广场和史迹展馆开展主题团日活动180多场，参观游览和参与活动的总人数共计7.2万多人次。

中国共青团的历次全国代表大会简介

会议名称	时间	地点	代表人数	团员数	团中央主要负责人
中国社会主义青年团第一次全国代表大会	1922.5.5～10	广州	25人	5000余人	中国社会主义青年团第一届中央执行委员会书记：施存统（方国昌）、俞秀松
中国社会主义青年团第二次全国代表大会	1923.8.20～25	南京	30余人	2000余人	中国社会主义青年团第二届中央执行委员会临时中央局委员长：邓中夏 中国社会主义青年团第二届中央执行委员会委员长（1924年3月后改称秘书）：刘仁静、林育南
中国社会主义青年团第三次全国代表大会	1925.1.26～30	上海	18人	2400人	中国共产主义青年团第三届中央执行委员会总书记先后为：张太雷（张椿年）、任弼时
中国共产主义青年团第四次全国代表大会	1927.5.10～16	武汉	60余人（其中正式代表39人）	37638人	中国共产主义青年团第四届中央执行委员会总书记：任弼时
中国共产主义青年团第五次全国代表大会	1928.7.12～16	莫斯科	46人（其中正式代表17人）	7.5万人	共产主义青年团第五届中央委员会书记先后为：关向应、博古、凯丰、冯文彬等
中国新民主主义青年团第一次全国代表大会	1949.4.11～18	北平	340人	19万人	中国新民主主义青年团第一届中央委员会名誉主席：任弼时 书记先后为：冯文彬、胡耀邦等
中国新民主主义青年团第二次全国代表大会	1953.6.23～7.2	北京	正式代表795人，列席代表153人	900万人	中国新民主主义青年团第二届中央委员会书记处书记：胡耀邦等
中国新民主主义青年团第三次全国代表大会	1957.5.15～25	北京	正式代表1493人，列席代表70人	2300万人	中国共产主义青年团第三届中央委员会书记处第一书记：胡耀邦
中国共产主义青年团第九次全国代表大会	1964.6.11～29	北京	正式代表2396人，列席代表927人	2200万人	中国共产主义青年团第九届中央委员会书记处第一书记：胡耀邦
中国共产主义青年团第十次全国代表大会	1978.10.16～26	北京	2000人	4800万人	中国共产主义青年团第十届中央委员会书记处第一书记先后为：韩英、王兆国
中国共产主义青年团第十一次全国代表大会	1982.12.20～30	北京	正式代表1964人，候补代表149人	4800万人	中国共产主义青年团第十一届中央委员会书记处第一书记先后为：王兆国、胡锦涛、宋德福
中国共产主义青年团第十二次全国代表大会	1988.5.4～8	北京	2027人	5600万人	中国共产主义青年团第十二届中央委员会书记处第一书记：宋德福
中国共产主义青年团第十三次全国代表大会	1993.5.3～10	北京	1420人	5680万人	中国共产主义青年团第十三届中央委员会书记处第一书记：李克强
中国共产主义青年团第十四次全国代表大会	1998.6.19～25	北京	1469人	6850万人	中国共产主义青年团第十四届中央委员会书记处第一书记：周强
中国共产主义青年团第十五次全国代表大会	2003.7.22～26	北京	1500人	6986万人	中国共产主义青年团第十五届中央委员会书记处第一书记先后为：周强、胡春华、陆昊
中国共产主义青年团第十六次全国代表大会	2008.6.10～13	北京	1500人	7544万人	中国共产主义青年团第十六届中央委员会书记处第一书记：陆昊

笔尖上的青春

1922-2012

团一大史迹图志微博体征集活动

对团一大史迹图志有什么新看法？

我们主张以微博的方式来追忆那个热血澎湃的年代、追忆那些朝气蓬勃的先辈。

我们主张将团一大革命精神融入我们内心，转化成前进路上的指南针。@旗展东园

表情 图片 音乐 视频 话题 朋友 心情 应用 同步：

可输入140个字 广播

#笔尖上的青春#呼唤你的青春满怀，期待你的创意精彩！快来参与《团一大史迹图志》微博征集活动吧！等你来评“史”论“今”！请将你对团一大革命历史和精神理念的评论发表微博并@旗展东园，说不定《团一大史迹图志》中就有你的一笔！

专家点评

李忠杰：

——中共中央党史研究室副主任

【团史是党史的重要组成部分】青年是民族的希望、祖国的未来，是党和人民事业发展朝气蓬勃的推动力量，引导和教育当代青年既是团的重要工作，也是巩固党的青年基础的重要举措。深化对团一大的历史研究，对于继承弘扬团一大精神，做好新时期党的青年工作，具有重大的历史和现实意义。@旗展东园

表情 图片 音乐 视频 话题 朋友 心情 应用 同步：

可输入140个字 转播|评论|更多

李玉琦：

——共青团中央青运史档案馆原副馆长

【党是团的缔造者和领导者】中国共青团是在中国共产党领导下，先建立了团的早期组织，再经过整顿早期组织后，才于1922年5月正式成立的。东园载荷了这段历史。历史事实表明，中国共青团是中国共产党缔造的。在中华民族伟大复兴事业中，做中国共产党的助手和后备军是中国共青团神圣的历史使命。@旗展东园

表情 图片 音乐 视频 话题 朋友 心情 应用 同步：

可输入140个字 转播|评论|更多

陈俊凤：

——中共广东省委党史研究室主任

【90年的虔诚追求】广州作为中国共青团的诞生地，有着丰富的党史、团史和青运史资源。团一大历史研究，是对那一段革命风雷激荡、青春岁月激昂的一次深情回顾，也是对共青团所走过的90年光辉历程的一次虔诚纪念。尽可能清晰、完整地还原历史，进一步开拓广东早期青年运动的研究视野和研究领域。@旗展东园

表情 图片 音乐 视频 话题 朋友 心情 应用 同步：

可输入140个字 转播|评论|更多

张　磊：

——广东省社科院原院长

【一次信仰的回顾】团一大历史内容丰富，意义深刻，是一本激励青年成长、引领青年发展的好教材，是做好党的青年群众工作的强大思想武器。团一大历史研究是一次信仰的回顾，有志青年为追求民族进步和民族复兴的革命情怀，对于引导当代青少年坚定跟党走中国特色社会主义道路的理想信念至关重要。@旗展东园

表情 图片 音乐 视频 话题 朋友 心情 应用 同步：

可输入140个字 转播|评论|更多

曾庆榴：

——中共广东省委党史研究室原主任

【学习先驱　敢于担当】一封信促成团一大在广州举行，90年前青年团组织申办团的“一大”，使广州成了中国共青团的诞生地，广州的历史，因之增色添辉。前人勇当大事的主动精神，值得我们学习。图说团一大历史，生动展现革命先驱引领时代的潮流，启发当代青年人学习他们担当大事的主动精神和积极态度。@旗展东园

表情 图片 音乐 视频 话题 朋友 心情 应用　同步：

可输入140个字　转播|评论|更多

司徒梅芳：

——广州市政协原副主席、团广州市委原书记、广州市关工委顾问

【谨记历史　传承精神】广州是中国近现代革命策源地，拥有丰富的革命历史资源。东园在中国青年运动史上有特殊的历史地位，也是一个展示广东近现代革命历史的窗口。建设好团一大纪念馆等革命历史文化设施，对于广州建设世界文化名城有着战略意义。我们要谨记历史，将团一大精神代代相传。@旗展东园

表情 图片 音乐 视频 话题 朋友 心情 应用　同步：

可输入140个字　转播|评论|更多

刘子健：

——中共广东省委党史研究室原副巡视员

【团一直跟随时代而前进】团一大25位代表大多是怀抱远大理想、风华正茂的青年。图志生动再现了他们在党的领导下，不避艰险、不畏辛劳、艰苦创建团组织的战斗历程。他们中有9位同志先后为革命献出宝贵生命。先辈的业绩可歌可泣，彪炳史册。他们的创业精神，尤其是牺牲精神影响深远，将激励和鼓舞年青人紧随时代而前进。@旗展东园

表情 图片 音乐 视频 话题 朋友 心情 应用　同步：

可输入140个字　转播|评论|更多

叶文益：

——中共广东省委党史研究室原副主任、研究员

【不忘历史　牢记使命】90年前，广州浓烈的革命氛围、宽松的政治环境、出色的工作业绩，以及“三会并开”的良好机遇，使历史选择了广州，成功举办团一大，开启了中国青年运动历史的新纪元。90年后的今天，当代青年将团一大的薪火相传，承前启后，继往开来，不负重托，不辱使命，共创青春伟业，同铸时代辉煌！@旗展东园

表情 图片 音乐 视频 话题 朋友 心情 应用　同步：

可输入140个字　转播|评论|更多

崔瑞驹：

——中共广州市委宣传部原常务副部长

【90年光辉历史】90年来，在党领导下，一代代青年勇立时代潮头，创造了彪炳史册的业绩。《图志》鲜活地展现了共青团无论在革命时期、社会主义建设时期和改革开放新时期，都发挥了党的助手和后备军作用，不愧是党联系青年的桥梁和纽带。这是对共青团创造历史的忠实回顾，也是对团一大精神的最好传承。@旗展东园

表情 图片 音乐 视频 话题 朋友 心情 应用 同步：

可输入140个字 转播|评论|更多

黄穗生：

——中共广州市委党史研究室原副主任

【高举团旗跟党走】青年团的发展历史昭示我们：团组织必须始终坚持党的领导，在思想上、政治上、组织上与党中央保持一致，只有这样，才能在革命和建设事业中有所作为，团的事业才能兴盛和发展。今天的团员青年学习团一大，学习团的光荣历史，就是要坚持正确的方向，高举团旗跟党走。@旗展东园

表情 图片 音乐 视频 话题 朋友 心情 应用 同步：

可输入140个字 转播|评论|更多

李玉贞：

——中国社会科学院近代史研究所研究员

【中国社会主义青年团成立伊始就与中国共产党保持密切关系】从俄罗斯国家社会政治历史档案馆发现的团中央执委会会议记录等，是迄今为止最完整记载团创建史的资料，它展现了团在接受青年共产国际领导之前从组织和思想上表现的短暂而难得的包容性，对团史和中国青年运动研究具有十分重要的启迪作用。@旗展东园

表情 图片 音乐 视频 话题 朋友 心情 应用 同步：

可输入140个字 转播|评论|更多

青年视点

广州大学小乔：

【曾经的海军青年倍加珍惜幸福生活】参观团史馆再次重温共青团光荣而伟大的历史令我感慨良多。作为一名曾经手握钢枪、脚踏边关、亲身参与保卫海防的西沙海军战士，我对国与家、荣与辱、苦与乐的关系理解更加透彻，对来之不易的幸福生活倍加珍惜。在建团90周年之际、在新的历史起点上，我深感肩上重担。祝福祖国，青春万岁！@旗展东园

表情 图片 音乐 视频 话题 朋友 心情 应用 同步：

可输入140个字 转播|评论|更多

一直的奋斗者：

【与时代共奋进】雨声滴沥，华夏大地一片荒芜；木棉花开，祖国神州遍地生机；青春的洪流在这里汇聚，梦想的花儿在这里绽放；激情在这里燃烧，民族在这里崛起；我们辉煌的东园，在这里静静地述说着她的传奇，激励着我们继往开来；新的传奇将由我们延续，新的世界将由我们开创。@旗展东园

表情 图片 音乐 视频 话题 朋友 心情 应用 同步：

可输入140个字 转播|评论|更多

毛文健disappeared：

【青春从来不乏延续】东园之行在我的内心深处掀起一阵久久不能平复的波澜。光影穿梭，历史的画卷在解说员的指引下缓缓展开，透过泛黄的纸张与残旧的相片，自己那颗爱国的心从来没有与这段历史贴得如此之近，甚至可以用双手触及先辈的那段激扬青春的岁月。少年强则国强，我们更要努力学习，争当国家的脊梁。@旗展东园

表情 图片 音乐 视频 话题 朋友 心情 应用 同步：

可输入140个字 转播|评论|更多

LL黎静YJ：

【共青团精神永存】1922—2012年，90年了。90年前，中国社会主义共青团第一次全国代表大会在东园召开，实现了青年团员组织上和思想上的统一。90年后，物是人非，唯一不变的就是中国共青团的精神，依然影响着今天的我们。作为当代的团员，永远记着：高举团旗，跟党走。@旗展东园

表情 图片 音乐 视频 话题 朋友 心情 应用 同步：

可输入140个字　　转播 | 评论 | 更多

学者文胜：

【青年的进步思想铸就国家精神的脊梁】 团一大留给我们有关精神的思考：让青年的先进思想集体汹涌地迸发，聚青年的无限活力展示一个国家不断发展的蓬勃，青年的进步思想可以铸就一个国家精神的脊梁。青年注定是背负祖国复兴使命的一个重要群体；一个无比关注青年思想和团结有志青年的国家，必定能够谱写一篇不平凡的发展史诗！@旗展东园

表情 图片 音乐 视频 话题 朋友 心情 应用 同步：

可输入140个字　　转播 | 评论 | 更多

6king：

【向上的90后】今年是中国共青团建团90周年，我感到非常自豪。自诞生以来，中国共青团在中共领导下，不断发展，带领全国各族青年，始终站在建设的前列。作为一名90后的优秀团员，我绝不会因为社会对90后的坏印象而意志消沉，而会树立远大的理想，坚定自己的信念，为共青团而努力！@旗展东园

表情 图片 音乐 视频 话题 朋友 心情 应用 同步：

可输入140个字　　转播 | 评论 | 更多

SJ三千：

【望东园　忆当年——观园有感】先驱明哲起春潮，青年才俊勇攀高。花开东方终成园，血汇洪流铸伟业。手舞红旗传真理，五月花海洒热血。不向伪劣让寸分，一颗红心傲风雪。敢为人先浑不怕，只因吾辈主义真。高举团旗跟党走，共产理想高于天。@旗展东园

表情 图片 音乐 视频 话题 朋友 心情 应用 同步：

可输入140个字　　转播 | 评论 | 更多

lo玉ve米：

【今昔对照品出理想信念的珍贵】对于现代的青年，我们有很多的不同想法与追求，每个人都有自己坚定的理想与信念，我坚信，打开心灵的窗户，从心开始出发，让更多的中国社会主义青年都能带着强烈信心责任的理想信念，继续前进吧！我参加，我努力，因为我是一名有着理想与信念的青年人！@旗展东园

表情 图片 音乐 视频 话题 朋友 心情 应用 同步：

可输入140个字 转播|评论|更多

米粉mmifen：

【革命精神不会孤独】对@旗展东园 说：革命烈士的照片挂在墙壁上，革命烈士的事迹载入了史册，这些伟大的革命烈士为我们现在的美好生活献出了血汗，现在享受着革命胜利成果的我们，怎么忍心让这些英雄随历史尘封呢？让我们多走近纪念他们的地方——东园，让东园不再孤独，让革命精神不再孤独！！！@旗展东园

表情 图片 音乐 视频 话题 朋友 心情 应用 同步：

可输入140个字 转播|评论|更多

有我_陈小曼：

【以史鉴今 青春无悔】山河混沌日星稀，家国遭险恐危局。爱国志士皆奋起，同仇敌忾除秽腥。五五广州齐聚首，共商青年团信义。纲领章程团一大，铸法为史振邦兴。马列主义诉真理，群策群力谋创新。九十余载同见证，中华腾飞看此今。以史为鉴明兴衰，知己知彼方胜昔。青春之门仍需品，旗展东园万象新。@旗展东园

表情 图片 音乐 视频 话题 朋友 心情 应用 同步：

可输入140个字 转播|评论|更多

淋--鱼儿：

【灿烂的青春需要激情】什么是青春，什么样的青春是轰轰烈烈的，青春需要如何轰轰烈烈？参观了旗展东园，先驱们大无畏的精神、标新立异的创举告诉我——青春应该如此辉煌而灿烂。@旗展东园

表情 图片 音乐 视频 话题 朋友 心情 应用 同步：

可输入140个字 转播|评论|更多

Emma珍珍唐：

【高举团旗跟党走】一缕缕情丝紧系着民心，一次次挥手指引着前程。1922年5月5日团一大在广州东园召开，标志着中国青年团的正式成立，同时也见证着团一大的发展。在这里记载着团一大的历史故事，让我们了解到所发生的一切，也让我们感受到“高举团旗，跟党走”的思想！让我们向着远方前进，高举团旗！@旗展东园

表情 图片 音乐 视频 话题 朋友 心情 应用 同步：

可输入140个字 转播|评论|更多

浩然正气_foggy：

【奋发向上的青春是正道】回顾团一大的历史，我认为我们应该铭记历史，扛起中国未来的发展的责任。我觉得历史是一面铜镜，时刻提醒我们自身不断地向上，拥有强大的信念，以自身的发展，推进国家的发展进步！只有遇强愈强才能开创更好的明天！@旗展东园

表情 图片 音乐 视频 话题 朋友 心情 应用 同步：

可输入140个字 转播|评论|更多

我的青春我的团

我是30后

【珍贵的遗物】母亲过世后，我们整理了她的遗物，没有任何财产，有的仅是毛主席奖章、预备团员通知书、团员转正通知书、团代会代表证、超龄退团证、抗美援朝捐款单……我们不难想象，对于老人来说，最珍贵的不是金钱与物质，是共青团纯洁、无私的思想，影响了她的一生，也深深影响着那一代人。@旗展东园

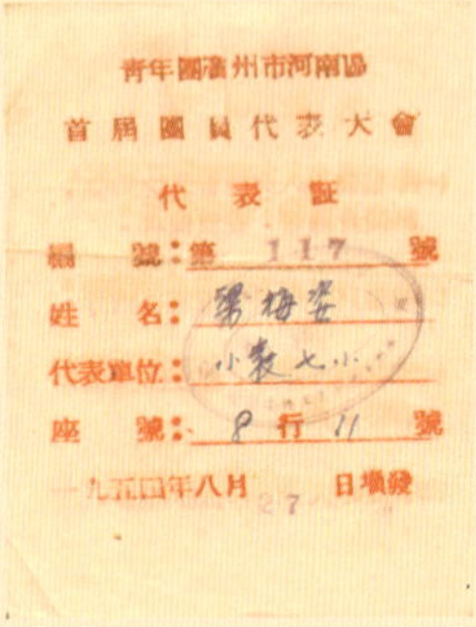
青年團滄州市河南區
首屆團員代表大會
代表證
編號：第 117 號
姓名：梁梅姿
代表單位：小教七小
座號：8 行 11 號
一九五四年八月 27 日填發

——张慧君（梁梅姿之女）

（梁梅姿，女，1930—1985年，1950年2月入团，生前为小学语文老师）

【坚守的信仰】我曾是南京青干校的学生，是四野43军的战士，参加过解放战争，也搞过群众工作。1950年，我成为部队首批新青团成员。团的教育让我懂得了革命知识，懂得了马列主义、毛泽东思想的基本概念，懂得了如何做人。一生的军旅生涯，我一直保留着整套入团资料，这是我坚守的信仰。@旗展东园

中國新民主主義青年團
第四野戰軍第四十三軍
入團志願書
部別
姓名 鍾狄德

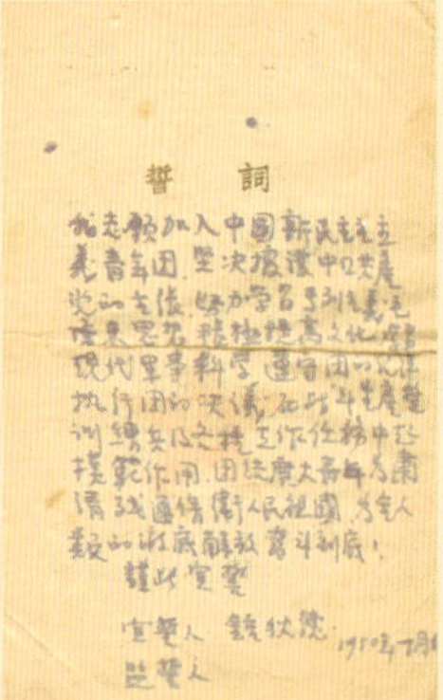
誓詞

——钟狄德

（男，生于1934年，1950年入团，原南海舰队海军上尉）

【华侨的心声】我们夫妇俩都是印尼华侨，分别在解放前后归国并加入了中国共青团，追求先进，为祖国事业建设的赤子之心让我们走到了一起。在我看来，共青团是先进的组织，总是能使一帮先进青年聚首，为祖国的繁荣富强贡献力量。我衷心地希望现在的青年华侨们也和我们一样，热爱祖国，建设祖国！ @旗展东园

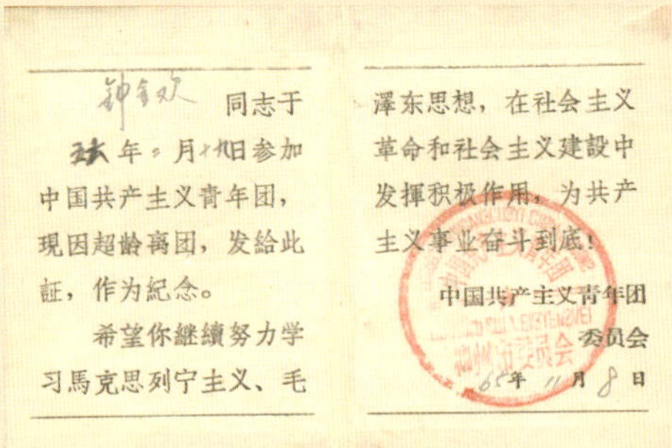
钟金欢　同志于

56年5月14日参加

中国共产主义青年团，

现因超龄离团，发給此

証，作为紀念。

希望你継續努力学

习馬克思列宁主义、毛

泽东思想，在社会主义

革命和社会主义建設中

发揮积极作用，为共产

主义事业奋斗到底！

中国共产主义青年团

委员会

65年11月8日

——钟金欢&叶子力

（钟金欢，女，生于1936年，1956年入团，原省经贸委新技术推广站干部；叶子力，男，生于1932年，1950年入团，原海南军区某部队干部）

【难忘青春】那一年我15岁，在广州一中读初三，光荣地加入了新民主主义青年团，并作为学校团总支少年干事，负责少先队工作。60年过去了，当初的教育、团和少先队的工作经历都还历历在目，这些经历，给我奠定了良好的学识基础，帮我树立了正确的三观，培养我成为一名人民教师，我难忘那青春的岁月！@旗展东园

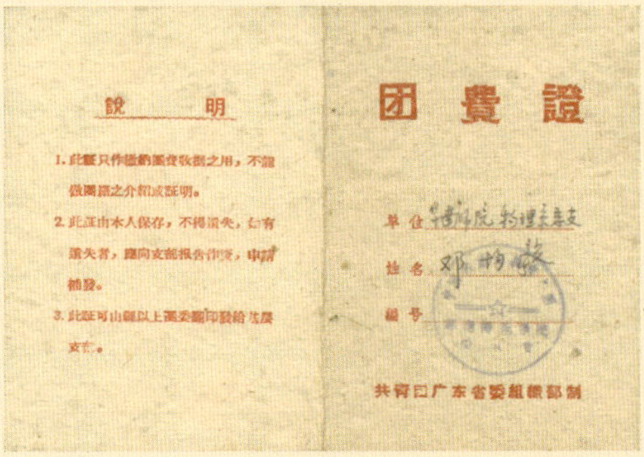
說　明

1. 此證只作[illegible]團費收據之用，不[illegible]

[illegible]之介紹或証明。

2. 此証由本人保存，不得遺失，如有

遺失者，[illegible]向支部报告[illegible]，申請

補發。

3. 此証可由[illegible]以上[illegible]印發給[illegible]

支部。

团費證

单位

姓名

編号

共青团广东省委組織部制

——邓均毅

（男，生于1938年，1953年入团，原广州医药中专教师）

【有为青年】现时代的年轻人钱多了，生活富裕了，物质丰富了，但思想品质和道德不能滑坡。希望年轻人要吃苦耐劳，要勤奋、发奋图强，不要总想着依赖别人，要努力提高自己的知识水平，像“托举哥”一样多做好人好事，感染身边的人，报答社会，做一个有为的青年！@旗展东园

——李蕾

（女，生于1938年，1959年入团，曾在新华社广东分社、人民日报广东记者站、南方日报社、岭南美术出版社任摄影记者）

【为人民服务】颜色褪去的团员证依然烨烨生辉，古稀之年已至，从深陷囹圄到紧守岗位，从光荣入团到为国参军，党和团始终伴随着我。可以说，共青团无愧是党和国家的助手和后备军，我一生追随着它，为的不过是这本团员证上的五个苍劲有力的字：为人民服务。@旗展东园

——林健汉

（男，生于1938年，1959年入团，原为广州某部队军医）

我是40后

【怀念过往的青春】新中国成立的数年后，我加入共青团。我记得，那是跨过鸭绿江，获取抗美援朝胜利的后两年，也是上下一心，完成“一化三改”壮举的前夜。时代一直在前进，或许现在的年轻人对这些都只是了解即止，历史的烙印确实存在，对于我这样的老团员，则无时无刻不在怀念，因为，那时候承载着我的青春，那时候我还是一名光荣的共青团员！@旗展东园

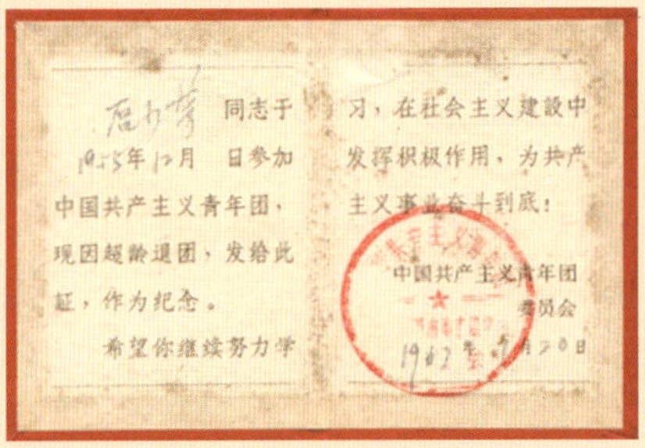
区少芳 同志于1955年12月 日参加中国共产主义青年团，现因超龄退团，发给此证，作为纪念。希望你继续努力学习，在社会主义建设中发挥积极作用，为共产主义事业奋斗到底！

中国共产主义青年团 委员会

——区少芳

（女，1955年入团）

【希望寄托给下一代】再次翻开沉睡在抽屉里微微泛尘的离团证，一晃而过就半个世纪，看着泛黄的证书，想起年轻时为了走向优秀而做的奋斗、坚持和无畏的勇敢，都是因为青春的那份激情。看着自己的女儿在团旗下光荣地宣誓，那一刻我的脑海里又浮现那段激情燃烧的岁月，青春不再心仍在，组织的未来就靠下一代。@旗展东园

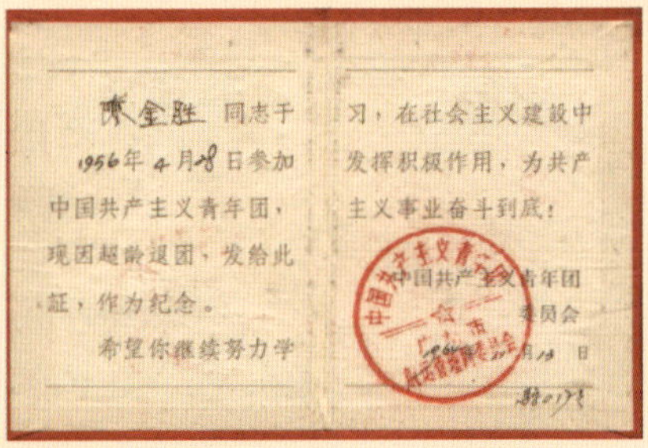
陈金胜 同志于1956年4月28日参加中国共产主义青年团，现因超龄退团，发给此证，作为纪念。希望你继续努力学习，在社会主义建设中发挥积极作用，为共产主义事业奋斗到底！

中国共产主义青年团 委员会

——陈金胜

（男，1956年入团）

我是50后

【团员称号刺激我贡献力量】冲破“两个凡是”的数年后，我加入共青团。当时，祖国与我一样，怒涛滚滚，激情澎湃，书写着山河唱豪迈、日月换新天的壮志。我感怀这个充满火热而不入迷途的年代，历史召唤我奉献青春、足铸伟业，时代勉励我不畏艰难、直指新功。共青团员这个光荣的称号，伴随着我，激励着我，谢谢！@旗展东园

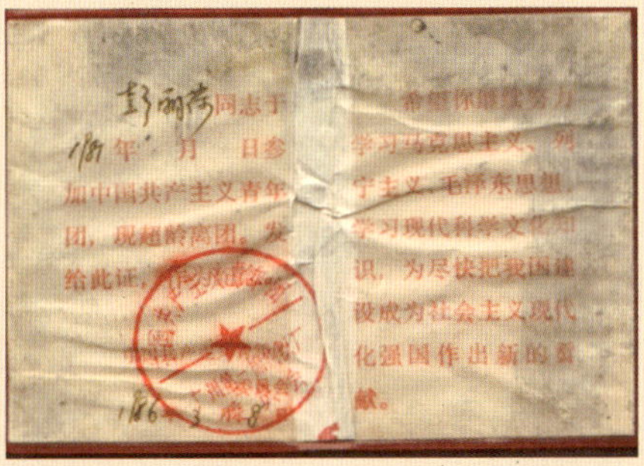
彭丽荷 同志于1981年 月 日参加中国共产主义青年团，现超龄离团，发给此证，希望你继续努力学习马克思主义、列宁主义、毛泽东思想，学习现代科学文化知识，为尽快把我国建设成为社会主义现代化强国作出新的贡献。

1986 3 8

——彭丽荷

（女，1981年入团）

我是60后

【在新时期挥洒青春印迹】在那样的一个年代，每个人近乎疯狂，做出很多不合理的事情。在即将划破黑暗，迎接黎明的时刻，我有幸成为一名团员，正是这告诉我：新时期的风帆即将起扬，团员的称号不会因为过去的污秽而蒙垢。在改革开放的时代里，正是我迎着团旗，紧跟党走，在这片大好河山里留下我挥洒青春的印迹！@旗展东园

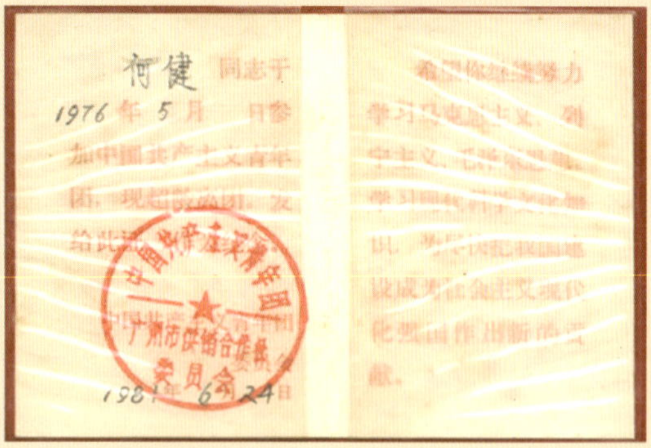

——何健

（男，1976年入团）

我是70后

【时代的际遇，奋斗的痕迹】青春是人生的黄金时代。我们这一代青年在改革开放的大好环境下，机遇无限。能有幸在经济改革和体制改革的时代奋斗，我们是幸运者。面对新的改变，我们是挑战者，抢先争优都是我们那一代热血青年为之而努力的目标，我是一名优秀的共青团员，我为之而自豪。@旗展东园

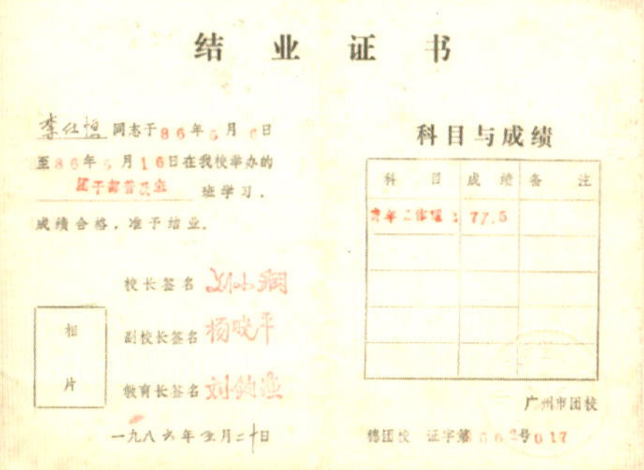

——李仕恒

（男，1986年入团）

我是80后

【80后的憧憬】回忆起当初入团的情景。初一时候，憧憬着对共青团美好的向往，在老师的引导下加入了共青团，并在团歌的陪伴中一路成长，如今成为一名共青团干部，让我对共青团的感情越发深厚，更感受到共青团的魅力之所在。青春建功共青团，是我作为一名团干部的追求！@旗展东园

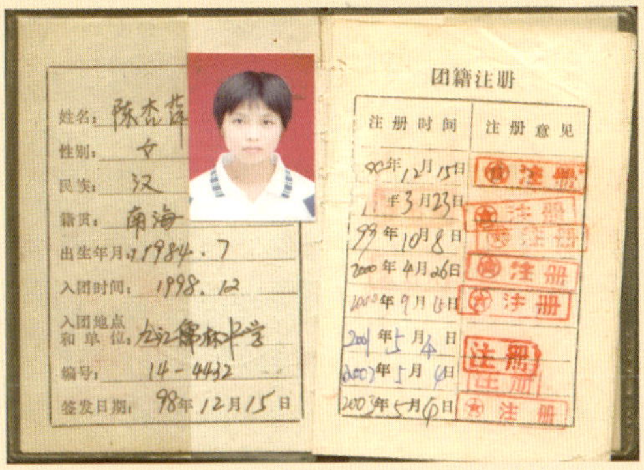

——陈杏萍

（女，1998年入团）

我是90后

【青春期的肯定】有时还蛮怀念那种天真的年代，初中那会儿，我们会为了失去申请入团资格而失落好久，会为了能够将团徽别上校章而兴奋好长时间。成为团员与其说是一种使命的赋予，不如说是对当年处于青春期的我们的一种肯定吧。@旗展东园

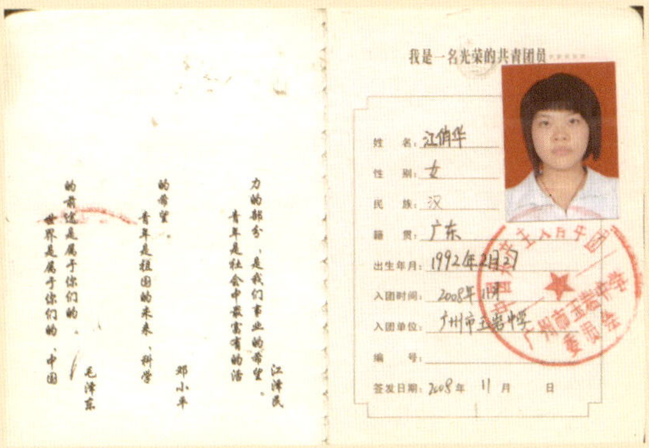

——江俏华

（女，2008年入团）

画板上的青春

1922-2012

团一大史迹图志明信片、书签设计征集活动

历史如画，呈现了逝去的青春；画现明天，承载了青春的希望。团一大史迹图志展现了那个波澜壮阔的年代；“画板上的青春”让我们描绘青春的价值。

■ 红色体验

——王文生（笔名王镡，49岁）

■ 团结奋进，快乐生活

——黄莹（22岁）

#画板上的青春#呼唤你的青春满怀，期待你的创意精彩！

快来参与团一大纪念明信片、书签征集活动吧！等你来添“色”增“彩”！请将体现团一大精神的原创设计（涂鸦、动漫、版画等形式不限）发至tydzxgzb@163.com并注明个人信息，说不定你的作品会陈列在团一大纪念馆哦！

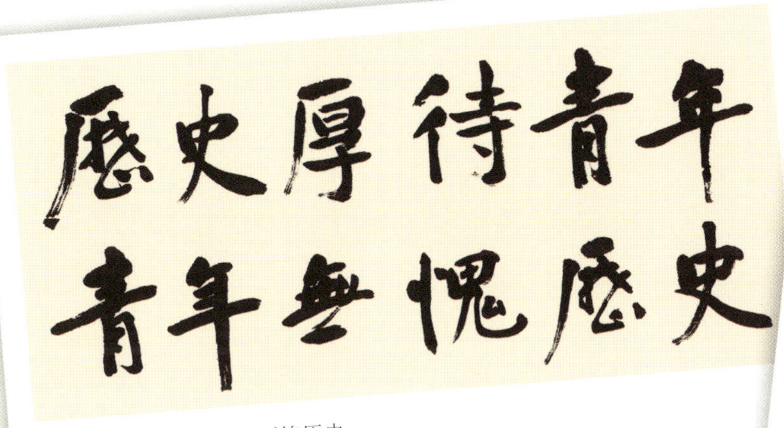

历史厚待青年　青年无愧历史

——黄峨（68岁）

献给青春的礼物

——潘建挺（22岁）

用创新描绘历史

——杨阿娇（23岁），赵影（23岁），陈茵茹（22岁）

奋进

——李铤轩（10岁）指导老师：关小蕾、李莹

1922-2012

乐谱上的青春

团一大 青春之歌词曲征集活动

听！时代的不断前进期盼青春的歌声，团一大的峥嵘岁月呼唤青春的旋律。让我们以节奏鲜明的音乐，承载团一大的浑厚内涵，唱响我与祖国共奋进的号角！

#乐谱上的青春#呼唤你的青春满怀，期待你的创意精彩！快来参与团一大青春之歌征集活动吧！青春的信仰，等你来填“词”唱“曲”！将体现团一大精神的原创词、曲发至tydzxgzb@163.com，说不定团一大纪念馆将唱起你的主旋律哦！

光荣啊！中国共青团

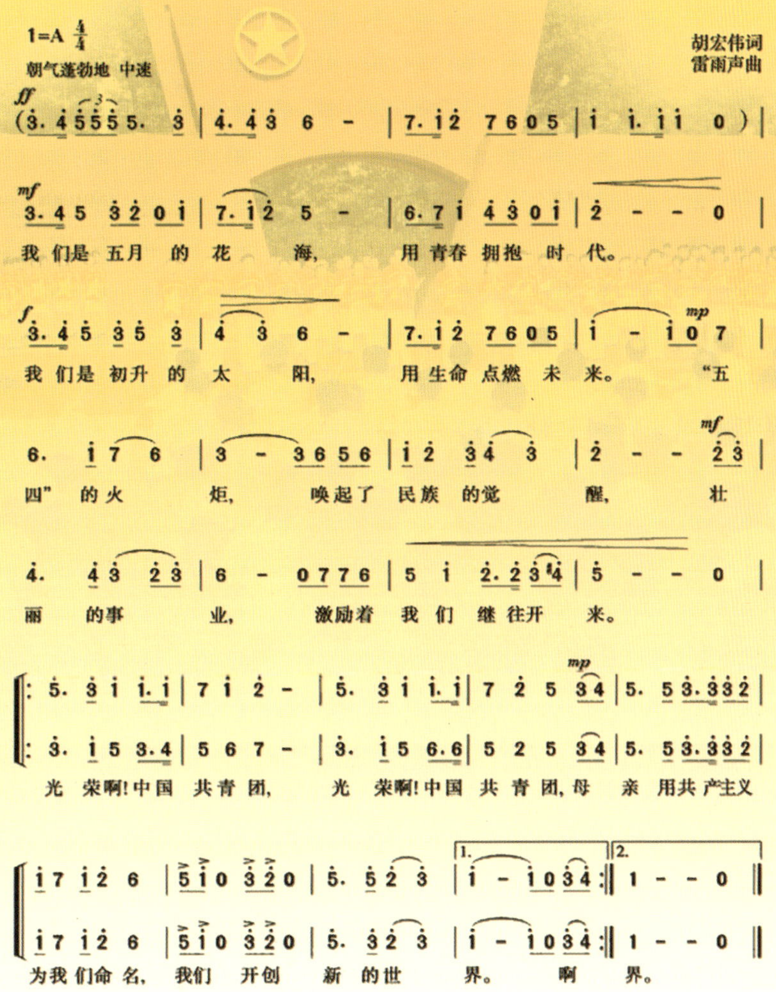

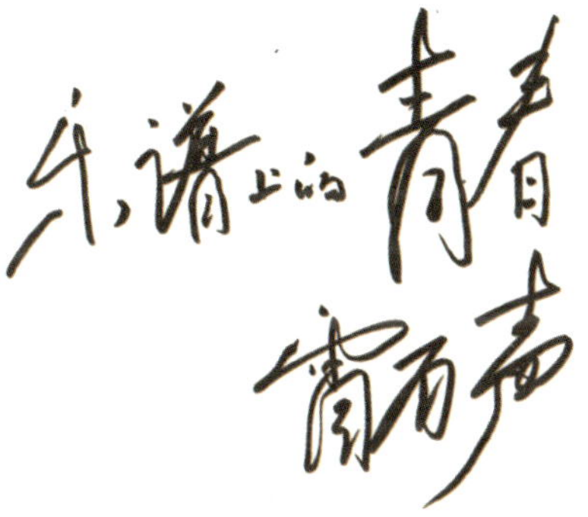

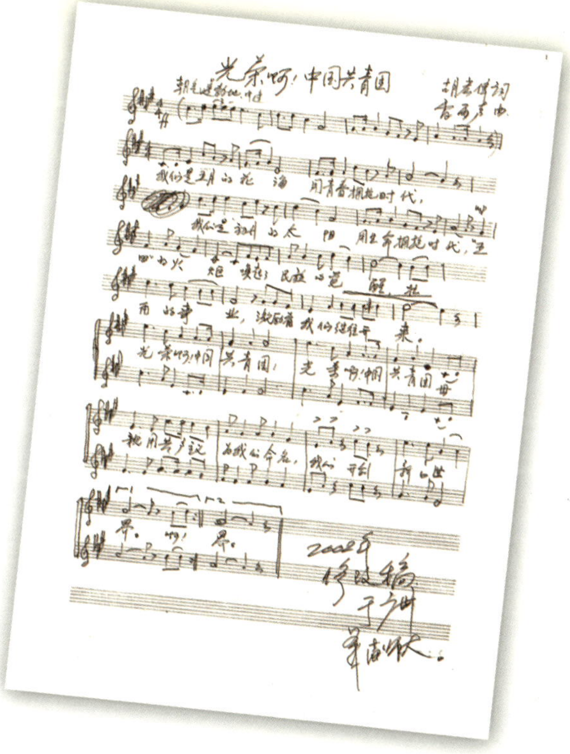

■ 团歌手稿（2002年修改稿）

——捐赠者：著名作曲家雷雨声

永远跟你走

（女声独唱）

叶旭全 词

印 青 曲

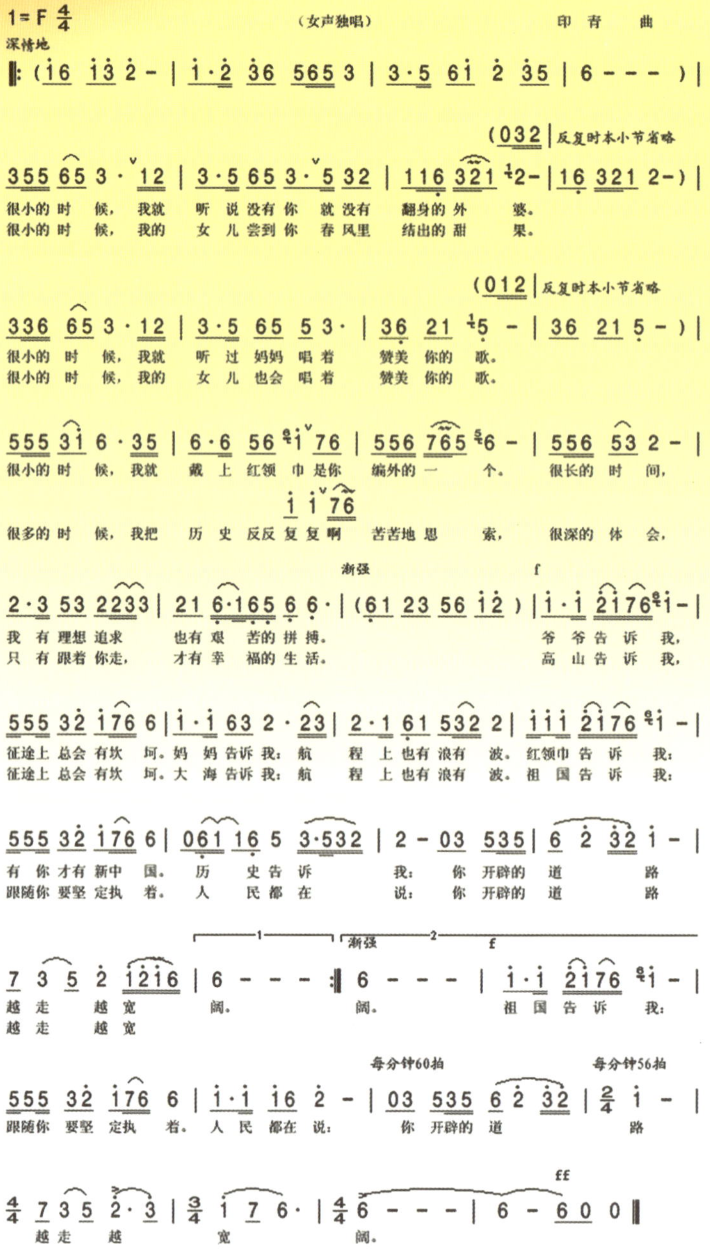

结 语

展开风云激荡的历史画卷，回到东园，这里是青春的红色地标，这里是中国青年运动的里程碑。波澜壮阔的青春史诗，穿越90年，一句誓言响彻神州，一个目标永远追求。

90年前，在汹涌澎湃的革命洪流中，在党的直接领导下，中国社会主义青年团第一次全国代表大会在广州东园胜利召开，宣告中国共青团的成立，揭开了中国青年运动史的崭新篇章。

90年来，共青团组织在党的领导下走过了极不平凡的光辉历程。无论烽火硝烟的革命战争年代、百废待兴的开国岁月，还是千帆竞发的改革开放时期、开拓创新的科学发展新阶段，共青团组织团结带领广大青年坚定不移地高举团旗跟党走，始终站在时代潮流的前列，用青春和热血不断创造绚丽夺目的光辉业绩。

90年的历史充分证明：共青团不愧是党的忠实助手和后备军，不愧是党联系青年的牢固桥梁和纽带，不愧是社会主义国家政权的重要社会支柱。

“以不息为体，以日新为道。”在未来的岁月，共青团组织将团结带领广大青年充分发扬“党有号召，团有行动”的优良传统，坚定不移地高举团旗跟党走，准确把握人生的目标方向；进一步彰显青年的热情、朝气和活力，努力成为理想远大、信念坚定的新一代，品德高尚、意志顽强的新一代，视野开阔、知识丰富的新一代，开拓进取、艰苦创业的新一代，让青春在建设中国特色社会主义的伟大事业中焕发出更加绚丽的光彩。

版权声明